3

抱朴

抱朴

方北辰 ◎ 著

江东名将的
风云录

上海古籍出版社

图书在版编目（CIP）数据

陆逊：江东名将的风云录 / 方北辰著 . —上海：
上海古籍出版社，2024.5
（方北辰说三国）
ISBN 978 - 7 - 5732 - 1134 - 7

Ⅰ．①陆… Ⅱ．①方… Ⅲ．①陆逊（183-245）-传
记 Ⅳ．①K825.2

中国国家版本馆CIP数据核字（2024）第078989号

方北辰说三国

陆逊：江东名将的风云录

方北辰 著

上海古籍出版社出版发行

（上海市闵行区号景路 159 弄 1-5 号 A 座 5F 邮政编码 201101）

（1）网址：www. guji. com. cn
（2）E-mail：guji1 @ guji. com. cn
（3）易文网网址：www. ewen. co

浙江临安曙光印务有限公司印刷

开本787×1092 1/32 印张10 插页6 字数167,000

2024 年 5 月第 1 版 2024 年 5 月第 1 次印刷

ISBN 978 - 7 - 5732 - 1134 - 7

K·3583 定价：58.00 元

如有质量问题，请与承印公司联系

自　序

古语说得好，开卷有益。而开卷读三国，纵观历史风云变幻，品味英雄奋斗人生，从而开阔眼界，洞察人性，增长智慧，提升能力，确实可以获益良多。

陆逊，又名陆议，字伯言，吴郡吴县（今江苏省苏州市）人氏，是孙吴皇朝忠心耿耿的朝廷丞相，战功赫赫的军界主帅，三国时期相当罕见的文武全才。

长江在今安徽省芜湖市至江苏省南京市之间，流向大体是由南向北，所以秦代开始习称自此以下长江南岸的广大地区为"江东"，相当于后世所说的"江南"。陆逊的家乡吴县，是江东地区最早出现的经济大都会。因为得利于太湖鱼米之乡的滋养润泽，从两汉时期起，就有一批高门望族在吴县成长起来，并且成为整个江东地区大家族的核心力量。而其中当之无愧的排头兵，就是吴县的陆氏家族。

陆氏家族与江东其他的高门望族一起，在三国的孙吴时期纷纷登上历史舞台，为江东地区政治、经济、文化的全面发展贡献力量，参与书写了锦绣江南六朝繁华的第一篇章。

陆逊就出自这一高门望族的群体之中，而他本人的文韬武略，又为自己的家族增添了崭新的光彩。论文，作为江东土著力量的领袖，他率先带头支持新生的孙吴政权，为其政权的稳定，起到了巨大的栋梁作用；论武，他智谋超群，不仅协助吕蒙攻杀关羽，夺取荆州，而且担任全军主帅，击溃刘备的强大反攻，取得辉煌的胜利。

他的儿子陆抗，完全继承了他的军事天才，后来也升任孙吴全军的主帅，长期镇守西面的荆州，屡建奇功，成为孙吴皇朝可靠的安全保障。

他的孙子陆机、陆云，则是西晋时期的文学大家，创作了大量的名篇佳作，是当时文坛上光芒灿烂的双子星座。陆机亲手书写的《平复帖》，是我国现存年代最早的纸本书法珍品，素有"天下第一帖"的美名。

要论历史悠久，人才辈出，仕宦显达，文武双全，吴县陆氏完全称得上是江东地区独领风骚的第一名家。本书描绘了陆逊家族丰富多彩的曲折人生，包括他们令人赞叹不已的辉煌文武功业，还有令人惋惜不已的悲惨结局。总之，这是一部江东名将家族照耀青史的风云录。

除陆逊之外，这一套系列作品还包括吕布、袁绍、曹丕、刘备、孙权、司马懿的人物评传。每部评传的净字数，大多不超过 15 万字，属于便携式的"口袋书"。本系列作品的基本定位，是具有坚实学术基础的大众化、通俗性读物。它不像史书《三国志》的文言表述那样艰深难懂，也不像小说《三国演义》那样多有虚构移植，失去历史的原真。我精心选取史学典籍的可靠素材，放手运用文学审美的生动笔法，二者有机结合，力求达到生动有趣、简明流畅、雅俗共赏、老少咸宜的既定水准。

作品针对的读者对象非常广泛，不仅适合众多热爱中华悠久历史文化的读者，而且特别适合身处现今激烈竞争社会，非常想从三国英雄创业竞争中吸取有益借鉴的打拼群体和年轻一代。

全书内容的创意设计，突出特色有三：

一是注意入选对象的代表性。将近百年的三国历史，分为酝酿阶段与正式阶段。上述评传中的吕布、袁绍，是汉末割据群雄中的领头人物，属于三国酝酿阶段的代表；而曹丕、刘备、孙权，分别是曹魏、蜀汉、孙吴三个鼎立皇朝的开朝皇帝，属于三国正式阶段的代表；至于陆逊、司马懿，不仅本身都是出将入相的文武全才，而且两人的儿子即司马师、司马昭、陆抗，都是决定三个鼎立皇朝最终命运的关键性人物，所以属于三国中后期的代表。在他们的创业过程中，又与多位著名英豪发生了密切关系。把这批代表和英豪集中在一起，充分描绘他们各自在三国舞台上的亮丽表演，并给予中肯的精彩点评，所以全书堪称是三国英豪的表演大会。

二是注意入选对象的重要性。上述7位传主，都是各个阶段的主导性人物，风云际会，龙虎相争，他们对三国时期历史的走向和格局产生了巨大的影响。他们的经历又彼此关联，相互衔接，完整呈现出三国历史发展的主要脉络和重要图景，所以全书又堪称是三国历史的趣味读本。

三是注意文化与历史的有机结合。首先，在评传的正文中，随时注意结合历史事实，探求背后隐藏的文化玄机。比如介绍三国君主最初所选定的年号，即曹丕的"黄初"，孙权的"黄武"和"黄龙"，刘备的"章武"时，就对为何前面两者都带有"黄"字，而后面的刘备却不带"黄"字的奥妙，运用汉代流行的"五德终始"思想文化理念，做出了清晰而可信的解读。其次，又对需要专门介绍的文化知识，集中撰写了《三国知识窗》的 7 个专篇，即轶闻篇、风俗篇、文化篇、政体篇、概况篇、军事篇、人物篇，分别放在每册评传的附录当中，从而给读者提供更加丰富、系统、真实、有趣的三国文化知识。读者结合正文去读知识窗，反过来又再读正文，必定会有更多的新收获。

总之，这套作品属于一个有机的多维度整体：既是三国英豪的表演大会，也是三国历史的趣味读本，还是三国文化的知识窗口。具有如此创意设计的系列性读物，相信会得到广大三国历史文化爱好者的欢迎。

我在大学从事三国学术研究，并持续将学术成果进行大众化的普及，至今已超过 40 年。因为深知学术普及的重要，所以坚持不懈；又深知学术普及的不易，所以锐意求新。谢谢诸位关注这套作品，让我们讲好三国的故事，并且将之传播到世界。

百年三国风云史，尽在静心展卷中！

方北辰

公元 2023 年 5 月于成都濯锦江畔双桐荫馆

目
录

第一章

江东望族

关于本书主人公陆逊的精彩故事，我们将从两个问答开始讲起。

第一个问题：陆逊是一个什么样的人？

回答：他是一位能够与同时期大名鼎鼎的诸葛亮相媲美的盖世英才。

第二个问题：这一评语有何证据？

再答：证据就在西晋杰出史学家陈寿撰写的《三国志》当中。

首先是第一点，《三国志》这部史书共计 65 卷，记载了三国时期 540 多位真实的历史人物，文臣武将占了很大的比例。在这一大批臣僚之中，最受陈寿重视，因而给予最为特殊待遇的，就是陆逊和诸葛亮这两位大臣了，因为他们每个人的传记，都安排了整整一卷的文字内容，即卷三十五《诸葛亮传》和卷五十八《陆逊传》，相当于享受了高级酒店的单人间；而其他所有的文臣武将，无论是曹魏的、蜀汉的还是孙吴的，都是同一卷之中安排多人，相当于入住了酒店的多人间。

更加值得注意的第二点，就是他们传记之中所蕴含的重要信息显示出，两人至少有如下十个方面的惊人相似：

一是出身，出自官宦之家，受到良好家世的熏陶；

二是幼年，很早失去父亲，是由家族的长辈抚养；

三是少年，不幸遭遇乱世，历经苦难才得以生存；

四是青年，有幸碰到明主，得以充分施展其抱负；

五是能力，属于文武全才，出将入相，文武交辉。

六是品德，对君主和国家，忠贞不贰，死而后已；

七是贡献，属于开国元勋，对各自皇朝功勋卓著；

八是修身，做到清正廉洁，身死之日却家无余财；

九是齐家，严格教育子弟，使他们也能留名青史；

十是命运，以悲剧而谢幕，在遗憾或愤懑中去世。

以上算是全书的开场白，下面就来细说陆逊人生的精彩故事吧。

滚滚长江东逝水，奔流到海不复回。

长江在今安徽省芜湖市至江苏省南京市之间，流向大体是从南往北，因此秦代开始称呼自此以下的江南广大地区为"江东"，相当于后世所说的"江南"。

纵观中华古史，唐宋之后，特别是明清时期，江南地区堪称是人文鼎盛，才俊辈出，傲视天下。然而早在两汉时期的江东，情况却还不是如此，那时的著名人物和家族，大多出自北方的中原，长期有"关东出相，关西出将"的谚语流传人间，此处的"关"者，即扼守黄河中游的函谷关。不过，虽然此时的江东，还未能在人文和才俊方面傲视天下，却已经有少量的名门大族开始成长起来，本书将要介绍的江东第一文武名家，他们之中的先驱者和佼佼者，也就是吴郡吴县（今江苏省苏州市）的陆氏家族。

吴县陆氏的先祖，原本是先秦时期齐国君主齐宣王后代的一支，因为曾经定居在北方平原郡的陆乡（今山东省商河县北），故而开始把"陆"字作为自己的姓氏。西汉初年的陆烈，来到南方的吴县去当县令，生前政绩显著，死后当地老百姓怀念他，把他安葬在吴县寄托哀思，从此他的子孙就在吴县定居下来，并且繁衍成为一个持续两千多年的悠久家族。

这个家族群体，最为典型的特征就是人才辈出，世代为官。比如西汉陆烈之后，有东汉初年的陆闳，当过光武帝刘秀的尚书令，主管朝廷的机要事务。这陆闳不仅外貌俊美，是一个典型的大帅哥，而且衣着也非常得体。他最喜欢的服装，是用家乡江东特产的布料来缝制，在朴素中又透露出高雅。由于江东是古代的吴、越之地，所以这种布料当时被称为"越布"。看着身边这位机要官员的得体衣着，贵为天子之尊的光武帝也不禁羡慕起来，于是下达诏令，要求江东的地方长官经常向朝廷贡献"越布"，从而为自己制作服装。可以说，陆闳当时在京城洛阳，带动了一股衣着上的时尚之风。到了唐代，陆氏家族一连出了六位进入朝廷政事堂的宰相。其中的陆元方、陆象先父子，不仅相继出任宰相，而且官声颇佳。陆象先担任地方大员时，坚持以仁为本，治理根源，不在琐碎小事上扰动民众，他的名言"天下本无事，庸人自扰之"，一直流传至今。直到清代末期的同治年间，陆氏家族依然还有人一举成名，高中三甲榜首的状元，当上了主持京城国子监的祭酒，又担任了末代皇帝溥仪的师傅，此人就是陆润庠。他那一手典范性馆阁体的书法作品，至今依然受到有识藏家的喜爱。因此，在江东的官宦家族中，要论历史的悠久，人才的辈出，仕宦的显达，文武的功业，吴县陆氏完全称得上是江东独领风骚的第一名家。

纵观整个陆氏家族的发展史，真正最有光彩和内涵的第一篇华章，却是在孙吴、西晋时期书写下的。书写者就是本书主人公陆逊及其后嗣，文韬武略相映交辉的祖孙三代。

先来说陆家第一代的创业先驱陆逊。

陆逊，原名陆议，字伯言。古人的名和字，往往有含义上的联系。"议"是议论，"言"是言语，"伯"字表明他排行是老大，可见最初为他命名的长辈，非常希望他这个长子，今后在言辞的议论上能够出类拔萃。但是，大概后来长辈的想法变了，还是希望他在张嘴说话的时候最好谦逊一点，不要过于锋芒毕露，于是改名为"逊"，从此把他这个议哥儿变成了逊哥儿。

少年时代的逊哥儿，是在其老家华亭成长起来的。依当时的行政区划制度，在州、郡、县三级之下，还有乡和亭，这华亭就是吴县下面的一个亭。吴县是现今的江苏省苏州市，但是华亭已经属于上海市松江区所管辖的华亭镇。后来陆逊的孙儿陆机、陆抗兄弟，曾经在人生的最后关头回忆起家乡华亭的熟悉景物，感慨万千地长叹道："华亭白鹤的声声啼鸣，还能够再度听到吗？"

陆逊的人生起点，与诸葛亮很是相似。两人都降生在汉灵帝政治衰败的光和年间，陆逊出生在光和六年（183年），只比孔明先生小两岁。两人又都出自官宦人家，算是衣食无忧的"官二代"。陆逊的祖父陆纡、父亲陆骏，与孔明的父亲一样，都是政府体制内的中级官员。如果不出意外，他们都会有平顺通畅的前途。然而命运多舛，两人都在少年时代遭遇了不幸的打击，而且两人受到的打击又完全相同，即父亲这根家庭的顶梁柱突然撒手人寰，于是在两人的传记之中，都留下了"少孤""早孤"的档案记载。还有极其相似的一点，就是失去父亲依靠的两位，又都是受惠于家族中当官长辈的抚养帮扶，这才得以度过人生的第一道难关。亮哥儿靠的是当郡太守的叔父诸葛玄，而逊哥儿靠的是谁呢？就是当郡太守的叔祖父陆康了。

陆康，字季宁，是一位忠诚刚直的难得好官。他曾经在多地担任过郡太守，为民着想，政绩突出。东汉时期，全国有上百个郡，下属上千个县，登记在册的人口在五千万左右。太守是一个郡的行政长官，属于中等偏高的官职，负责治理全郡的士民。当时昏庸无道的汉灵帝，要想在京城铸造巨大的铜像来粉饰太平，然而国库空虚，没有经费，于是下达诏令，要求各地官府，去向已经极度贫困的老百姓征收"造像费"，每亩土地征收十个铜钱。关心民众疾苦的陆康，接到诏令之后马上写了一封上疏进行劝阻，认为这是一种仿效秦始皇铸造铜人的亡国举措，结果被削除官职，回转家乡闲居。谁知时过不久，南方的庐江郡（治所在今安徽省庐江县）爆发了大规模的武装民众反抗，很快蔓延到附近的江夏郡（治所在今湖北省武汉市新洲区）一带。无奈之下，朝廷只得再度启用陆康，任命他为庐江郡的太守，前去收拾这块"烂摊子"。陆康到了庐江，采取争取多数、打击少数的有效方针，很快就使局面完全恢复了平静。陆康在庐江安定下来之后，便将幼年丧父的堂孙陆逊，带到身边来抚养。

有了当官的叔祖父作依靠，逊哥儿似乎会有好日子过了，其实却不然，因为天下分裂的大动乱很快来临了。中平六年（189年），汉灵帝死亡，年少的献帝刘协艰难继位，京城洛阳爆发了董卓之乱。地方上拥有实力的诸侯纷纷起兵，表面上打着声讨董卓的旗号，实际上却干着割据称雄的勾当。于是逊哥儿所在的庐江郡，便陷入危险的局势之中。

那时的庐江郡，下辖十四县，在册人口四十二万，首府是舒县（今安徽省庐江县西南）。庐江不仅地盘大，人口多，而且西北连接中原，东南控制长江，地理位置极其重要。割据诸侯之中的袁术，占领了庐江郡东北面相邻的九江郡后，有意在此经营称帝自立的根据地，便把贪婪的目光聚焦在庐江郡这块肥肉上。他派出使者前往庐江，要求陆康给自己贡献一批兵马、武器，外加三万斛的米粮。

其实在这之前，陆康与袁术还有一点礼节上的交往。何以见得呢？有一段著名的故事为证。陆康的亲生儿子陆绩，在六岁时随从长辈前去拜访袁术。袁术拿出甜美的橘子款待客人，陆绩偷偷藏了三个橘子在怀中。不料临走前跪拜告辞的当口，橘子却从怀中掉到了地上。袁术就开玩笑说："陆郎来当客人，也要怀揣橘子走吗？"依然跪着的陆绩，坦坦荡荡地朗声回答道："我想带回去献给母亲尝尝。"这就是后来"二十四孝"中"陆绩怀橘"故事的由来。

但是，袁术很快就显露出割据自立的政治野心，陆康向来是一个无限忠于东汉朝廷的正人君子，对于袁术的僭逆行为，抵制反对都唯恐来不及，岂肯给你输送兵马、武器、米粮？尤其是多达三万斛的米粮，那要在老百姓身上搜刮多少民脂民膏才能办到啊？他陆康连皇帝下达的造像费都敢抵制，还会怕你袁术吗？于是陆康断然下令关闭城门，拒绝袁术的使者进入，同时抓紧时间整军备战，防备袁术很可能发起的猛烈进攻。

汉献帝初平四年（193年），双方激战一触即发的前夕，年近古稀的陆康吩咐手下，把年方十一岁的陆逊，还有比陆逊小五岁的自己亲生儿子陆绩，连同其他的家眷，一起送回江东的老家吴县，自己要孤身留在庐江同袁术决一死战。

这边的逊哥儿一行刚刚离开不久，那边的袁术兵马就气势汹汹地杀来。领头的一员年轻骁将不是别人，就是孙权的大哥——小霸王孙策。那么孙策为何要来为袁术攻打庐江呢？

原来，孙策的父亲孙坚，当初原本就是袁术手下的部将，后来在进攻荆州的襄阳时中箭身亡。年轻的孙策继续在袁术手下谋求出路，就想找机会来改善自己的生存状态。孙策的老家，就在吴郡的富春县（今浙江省富阳市），与陆康本是江东吴郡的大同乡。但是，孙坚父子效力于心怀不轨的袁术，与陆康忠于汉室的政治理念发生严重冲突；而且孙氏家族出身寒微，文化素养不高，全靠从军立功来谋取前途，与世代官宦的陆氏家族难以相比；加之陆康要比孙策年长整整五十岁，完全可以称为祖辈。因此之下，孙策有一次去拜访陆康时，陆康就没有亲自与这位年轻的后生见面，而是让自己的下属出面接待他。袁术得知孙策一直对陆康怀恨在心，所以特别点了孙策的将，要他前去攻打陆康，还许诺事成之后，就委任孙策来当庐江郡的太守。既有大大的奖赏，又能去除胸中的恶气，孙策当然不会拒绝，立即挥兵直奔庐江的首府舒县而来。

来在舒县城下，在兵力上占据绝对优势的孙策，设置了好几层包围圈，把城池团团围定，然后不分昼夜，轮番攻城。城内的陆康，虽然仗着城池相当坚固，将士也非常齐心，但因敌众我寡，缺乏有力的外援，所以苦苦坚守到第二年之后，城池终于被敌军攻破。正好七十岁的陆康受此严重打击，愤懑发病而死。其余跟随陆康的宗族成员一百多人，也在战斗中死亡了将近一半。陆氏家族以几十条鲜活的生命，向东汉朝廷贡献出自己的无限忠诚，同时也把同在江东的孙氏家族，变成了陆逊心目中的仇家。

然而造化弄人，接下来老天爷的安排，却是硬要把相互敌视的仇家，变成休戚与共的亲家。这又是怎么一回事儿呢？

且说孙策打下了庐江，喜滋滋地回到袁术的大本营寿春（今安徽省寿县），准备领取袁术早先许诺给自己的大奖赏。他哪里想得到，袁术这个人说的话根本靠不住，这时竟然另外任命了一个老部下刘勋，前去担任庐江郡的太守。孙策真是失望之极，恼怒之极，却又不能公开与袁术闹翻，因为自己目前还没有独自发展的资本，还要在袁术手下暂时栖身。于是，他暂时用一个"忍"字，说服自己咽下这颗苦果，然后下定决心，要寻找一个脱离袁术自行创业的时机。

两年之后，时机终于来了。原来，在占领庐江之后，袁术就想向东南打过长江，把江东的大片地域纳入自己的囊中。可是，他派遣的兵马都是狗熊，从前一年打到第二年，依然没有能打过长江。就在袁术一筹莫展之际，孙策自告奋勇，请求奔赴前方增援。袁术当即应允，并且把孙坚死后留下的旧部，分给了孙策一部分。于是，孙策凑成了一支不过千把人的队伍，开始走出他创业生涯的第一步。

兴平二年（195年）寒冬十二月，二十一岁的孙策率众自寿春出发，取道历阳县（今安徽省和县），准备从这里的乌江渡，也就是昔日楚霸王项羽在此自刎的地方，渡过长江攻取江东。在历阳，他的好友周瑜早已经变卖了家产筹集巨资，为他招募起一支四五千人的兵马，又在历阳城东的乌江渡口备办了一批船只。两军会合，原本就骁勇善战的孙策，手下兵力已有五六千人，声威大震。所以渡江之后，势如破竹，如入无人之境。胜利并未使孙策冲昏头脑，他一再严明军纪，不准部下扰动百姓。这样一来，人心归服，地方安靖。两三年间，孙策不仅取得了江东的丹杨、吴、会稽三郡（治所分别在今安徽省宣城市、江苏省苏州市、浙江省绍兴市），还向西攻占了豫章、庐陵和庐江三郡（前两者治所分别在今江西省南昌市、吉安县）。这时，孙策拥兵数万，割地千里，俨然是一个江东的小霸王。

孙策在江东站住脚跟，马上就公开声讨企图割据称帝的袁术，与之断绝关系；同时又派出使者，前往东汉朝廷，向汉献帝表示效忠，并呈送大量的贡品。控制朝廷大权的曹操，为了笼络孙策，就上表请求汉献帝，任命孙策为讨逆将军，封为吴县侯。至此，孙策割据江东的行为，终于得到朝廷的认可，名正而言顺了。

于是，孙策变身为江东的施政者，而陆逊则成为孙策治理之下的子民。

孙策主政江东的五年之间，陆逊从十四岁的少年，成长为十八岁的准青年。昔日的血债仇人，变为今日的父母官，他的心情自然不会愉快。但是，他也很庆幸，庆幸自己还没有进入可以从政的二十岁成年，这就能够避免在政治上与孙策发生关系。当然，在这段政治上的空白之中，他也没有闲着，甚至还很忙碌，为什么呢？首先，他是一家之中的嫡长子，父亲死去之后，接近成年的他，便是一个可以提前走上前台，然后拿主意、顶大梁的男子汉。其次，那位比他小五

岁的堂叔陆绩，目前却还不能担当自己的家庭重任，陆逊还
必须为陆绩的家庭事务代为操劳，用史书上的话来说，叫作
"为之纲纪门户"。同时成为两个大家庭的主心骨、顶梁柱，
你说陆逊还能不忙碌吗？

　　好在此时的孙策，也没有去为难陆氏家族。对他而言，
不仅因为过去的事儿早已翻篇，不值得再挂在心上了，而且
更因为现实利益的冷静考量。此时的孙策，眼见北方的群雄
大战方酣，局势发展还很不明朗，决心采取"立足江东，以
观时变"的八字方针。然而要想在江东立足，而且立得住，
立得稳，立得久远，那就必须对颇具社会影响的江东地方
大族，着意加以笼络和优待，争取他们的大力支持，最起码
也要避免他们产生敌对性的反抗。而吴县的陆氏家族，正是
孙策笼络和优待的重要目标之一。何以见得呢？请看《三国
志·陆绩传》中记载的一则有趣故事。

　　这一日，孙策在吴县召开高端的时局讨论会，参加者大
多为孙策的智囊团成员，诸如张昭、张纮、秦松等老一辈社
会名流。唯独有一位年方十二三岁的少年郎，却有幸叨陪末
座，他就是陆绩。会上讨论的主题很重大，是如何才能平定
当今动乱不宁的天下？先行发言的张昭等人一致认为，必须
采用武力的高压手段，才能够实现天下的平定，這算是"尚

武派"。不料最后发言的陆绩，却以高亢的童子声音，向这些老前辈发出诘难说："春秋时期齐国的管仲辅佐齐桓公，多次带头会合诸侯，匡正天下的一切，却并没有动用任何的军队嘛。孔子也说：'远方的人如果不服从，就努力搞好仁义礼乐的文明教化来吸引他们。'刚才发言的诸位前辈，不重视用道德来争取民众的办法，只知道崇尚武力，我陆绩虽然是少年儿童，私下也感到这样未必妥当啊！"陆绩这一番话语引经据典，道理充分，说得张昭等人大为惊讶，无言以对。但是，故事中所透露出来的微妙信息，却是更加值得玩味琢磨。

首先，既然陆绩能够前来参加这样一个高端的会议，说明他一定得到了孙策的邀请。既然连这位年仅十二三岁的陆绩都受到了邀请，那么比陆绩还大五岁，而且眼下又是陆绩家庭的代理当家人陆逊，就更应当受到邀请。然而我们从史书中看到的真实历史场景却是：陆逊本人并没有去参会，可他也没有阻止陆绩去参会。本人没有去，表明他与孙策之间还有距离；而他也没有阻止陆绩去，表明他认为彼此之间是可以进行接触的。没有去和没有阻止去，都应当看作是一种政治态度的微妙表现。

其次，张昭、张纮、秦松等人，《三国志》中都被列入孙吴的文臣一类，而张昭更是位居文臣之首。然而这批文臣的论调，竟然异口同声都在崇尚武功，主张以武力平定天下。可见这场时局讨论会的主旨，其实是在为孙策抬轿子、唱赞歌，因为此时的孙策，正是凭借武力才得以攻占江东，并且有意向外扩张的。陆绩公开反驳他们的论调，强调应当树立文德来吸引民众，其言外之意，是要求孙策能够优待江东本土的地方大族，否则就难以获得他们真心的支持。这样的主张，在性质上也是一种政治上的态度，而且很可能就是在陆逊影响之下形成的态度。但是，这番话如果从年龄较大的陆逊口中说出来，就有可能招来麻烦，而从陆绩的口中表达出来，就有了"童言无忌"的保护，所以人身会更安全，效果也会更好。

总之，陆逊就是在这样一种冷静的观望之中，度过了孙策主政江东的这五年。

但是，年轻陆逊的忍耐能力还不止于此，接下来他还要在冷静的观望之中，度过孙权接手主政江东的最初三年。

汉献帝建安五年（200 年）的初夏四月，江东发生的一桩突发事件，使得孙权变成了江东新的当家人。

原来，特别喜爱打猎的小霸王孙策，此前一次在骑马追逐猎物之时，突然被仇家的暗箭射中头部而重伤不起。四月四日丙午这一天，孙策把自己的同胞二弟孙权召至病榻前，命令下属把自己身上佩戴的"讨逆将军"印绶，解下来戴到孙权的身上，进行权力的移交，然后艰难地向孙权嘱咐说："大弟，率领江东的军队与敌人作战，争雄于天下，你确实不如我；但是选用贤能人才，使他们各尽其心以保全江东，我却不如你。望你今后要好自为之啊！"当天晚上，二十六岁的孙策就含恨离开人世。

于是，十九岁的孙权，开始以东汉讨逆将军的名义号令江东，比他仅仅小一岁的陆逊，也到了能够进入仕途开创事业的年龄。虽然按照此前的惯例，是以年满二十岁为成年，但是东汉末年天下动乱，十八岁就开始走向官场的现象却并不罕见。比如孙吴名将陈武，十八岁就领兵为将，驰骋疆场。更年轻者如凌统，十五岁就担任将领，指挥父亲留下来的一彪人马，威风八面。可是这时的陆逊，他却不着急，他还要观望一段时间再作打算。如果一定要给这段时间确定一个期限，他觉得最好是三年。

为何这位逊哥儿还要等待三年才投身官场呢？可以总结为两句话：一是想要尽孝心，二是想要看形势。

所谓"尽孝心"，就是陆逊想在孙策死于非命之后，为当初惨遭横祸的叔祖父陆康，好好服丧三年。

三国时期的社会，人们遵循儒家的传统礼制，父母亲死后要在家尽孝服丧，时间正好就是三年。这样的事例，在陈寿《三国志》中多有记载。陆氏家族是具有深厚儒学修养的官宦之家，自然更要恪守这样的儒家礼制。陆逊自幼丧父，受到叔祖父陆康的精心照顾和全力抚养，才得以生存和成长，所以对于陆逊而言，陆康无异于他的生身父亲。七十岁的陆康因为忠于东汉朝廷，遭受孙策的猛烈攻击而发病离世，所以孙策无异于杀父的仇人。可是在当初，因为陆逊年纪还小，没有能力去报仇，在仇人孙策依然存活在世的情况下，陆逊为陆康服丧守孝，就会有巨大缺憾而不圆满。可是现今好了，孙策竟然死于非命，相当于他人出手帮助陆逊完成了报仇雪恨的愿望。从此时此刻算起，认认真真为陆康服丧三年，就能圆满地尽到孝心，没有任何麻烦和缺憾了。

至于所谓的"看形势"，就是陆逊想要看看比自己仅仅大一岁的孙权，究竟在江东站不站得住脚，究竟是不是值得自己为之效力的老板，而不是如同袁术那样无才又无德的角色。

前面已经说过，陆氏家族是一个世代从政的官宦世家，所以从政当官，是维护家族核心利益的关键所在。现今的陆逊已经长大成人，作为陆氏家族的顶梁柱，面对江东已经出现新主人孙权的情况下，他不能不对自己的政治前途有所考虑，并且从维护家族核心利益的角度来作出抉择。

那么陆逊能不能出来为孙权效力呢？这对他而言并不是难题。虽然孙权是仇人孙策的同胞弟弟，但是当初孙策在进攻陆康时，比陆逊大一岁的孙权也才只有十二岁，并没有出现在进攻陆康的军队之中，所以并非害死陆康的直接责任人。即便他与孙策有亲属关系，从陆氏家族核心利益的角度来考虑，陆逊也可以通过重新服丧三年来加以抵消。何况连圣人孔夫子，也曾经想过到有污点的县官手下去当差，还对发出疑问的弟子们说："吾岂瓠瓜也哉，焉能系而不食？"意思是说，我难道是瓠瓜吗？怎能够只是被悬挂着而不给人吃呢？想到《论语》中记载的这一段故事，陆逊就更不会有心理障碍了。

但是，马上就出来为孙权效力，对陆逊而言也不是明智之举。孙策完全凭借自己的武力，迅速攻占江东，立脚仅仅只有五年，基础并不十分稳固。如今面临突发的变故，毫无心理准备的孙权，被孙策的部属匆匆拥立上了台。他这个年纪轻轻从来没有主过政的当政者，能否稳得住政权内部动荡不安的人心，能否顶得住政权外部群雄企图染指江东的巨大压力，全都还是未知之数。当时的杰出人士都有一个共识，就是在效力对象的选择上，必须慎重其事，必须选对选好，才能避免造成明珠暗投的糟糕结果。所以周瑜才会在敦劝鲁肃时说："当今之世，非但君择臣，臣亦择君。"现今陆逊身为家族的顶梁柱，更要在这个问题上慎重行事。具体的做法，就是冷静观察孙权一段时间，然后再作打算。

时光荏苒，岁月如梭，转眼就来到建安八年（203年）。时年二十一岁的陆逊，不仅三年服丧期限已满，而且对孙权的观察也得到肯定性的结果。这时的孙权，已经基本在江东站住了脚跟，主要标志有二。

首先在政治上，得到了合法的名分。曹操所控制的东汉朝廷，正式宣布任命孙权为讨虏将军，兼任会稽郡的郡太守。也就是说，孙权在江东的政权，已经得到东汉朝廷有条件的承认，并非是一个没有合法营业执照的山寨版公司。在此情况下，陆逊出来为孙权效力，就不会被视为与东汉朝廷作对的匪徒贼寇之流，而是名正言顺的朝廷官员了。

其次在军事上，得到了有效地加强。在这三年间，孙权在张昭、周瑜等一批优秀文武臣僚的尽心辅佐下，开始展现出能够抗击外部强敌的能力。建安八年（203年），孙权已经敢于出动水军，溯长江而上，前去进攻盘踞在上游江夏郡（治所在今湖北省武汉市新洲区）的强敌黄祖，并且取得了初步的胜利。

至此，陆逊终于作出重大的决定：出山为孙权效力，从而开辟自己的事业和前途，延续自己家族的核心利益。然而他没有想到，此后自己不仅建立了留名青史的辉煌功业，而且还与孙氏家族结成了亲家，迎娶了孙策的女儿作为自己的夫人。这正是：

　　　　世事如棋多变化，仇家眼看变亲家。

　　要想知道陆逊今后的人生道路出现了什么样的机会和变化，他又如何经过十年以上的艰苦磨砺，最终变成了孙策的女婿，请看下文分解。

第二章
十年磨砺

　　俗话说得好，一个巴掌拍不响。陆逊要想出山为孙权效命出力，这一想法能否变成事实，还得看孙权这一方的意见如何。那么孙权又是什么态度呢？答案是四个字：非常欢迎。

　　早在三年前孙权上台主事之后不久，他就制定了一项基本的施政方针，就是陈寿《三国志·吴主传》中所记载的两句话："招延俊秀，聘求名士。"意思是延揽英俊人才，招聘知名人士。孙权是江东的主政者，所控制的地域乃是江东，所以这两句话所针对的对象，主要还是江东土著的英俊人才和知名人士。用这两句话来衡量，陆逊完全合格达标，孙权当然是非常欢迎他了。

要想对陆逊进入政界之后的活动，能够有更加清晰的了解，此处先必须对孙权制定上述两句话方针的深层次社会政治背景，作出一个概括的介绍。

孙策当初凭借一支临时拼凑起来的军队，从长江北岸的淮南，打回老家江东，没过多久就突然去世。因此，他留给孙权的遗产，实际上是一个临时性的军事集团，而非功能健全、运转正常的国家政权机器。孙权接手主政之后，要想得到长治久安，就必须把这一临时性的军事集团，转化为正规性的国家机器。而要想很好完成这一转化，那就需要大量优秀的杰出人才，充实到国家的诸多机构当中。然而非常遗憾，刚刚继位的孙权，恰恰在人才上严重匮缺，原因在于如下两条。

第一，是孙策给他留下的人才，数量并不多。当初孙策从江北带来的军队，总数虽然有五六千人，但是其中大多是下层的士兵。而上层的骨干人才，在数量上并不多，主要只有两类：一是孙氏宗族的成员，比如孙权的族兄孙贲、孙辅；二是出自江北的外来人士，比如张昭、周瑜、程普、韩当、周泰、蒋钦、陈武等，在地域成分的构成上很不平衡。

第二，是孙策给他留下的地域，面积却不小。孙权当时所控制的江东，地域究竟有多大，后世常有误说流传。比说《三国演义》第四十八回中，说是"江南八十一州百姓"如何如何，这就是完全不了解汉末三国行政区划制度的典型例证。两汉时期的行政区划，最初实行的是郡、县两级制，以郡辖县。西汉武帝开始派遣使者，巡视监察地方的郡县：全国分为十三个监察区，称之为"州"；每州派遣使者一人，称之为"刺史"，负责监察举报当地不法官员和地方黑恶势力。东汉末年，州又发生重大的演变，成为在郡、县之上的实体性行政区，于是变成了以州辖郡、以郡辖县的三级行政体制。根据《后汉书》中提供的官方记录，东汉后期全国共有 13 州，下辖 105 郡，1180 县，在册人口 4915 万。而孙权接手主政时的江东，属于 13 州当中的扬州，而且还只是扬州在长江以南的部分，共有丹杨、吴、会稽、豫章、庐陵五个郡，根本不是什么"江南八十一州"。但是，就是当时的这五个郡，地域也相当于现今江苏、安徽两省的江南部分，再加上浙江、福建、江西三个全省，面积那是相当的广阔。要想治理好这样广阔的一块大地盘，自然需要相当多的各地军政官员。

于是，解决人才资源匮乏的问题，就成为孙权上台后的当务之急。他的两句话方针，就在这样的背景下制定和推行出来的。

　　了解了上述背景，回过头来再看看孙策临终前对孙权的谆谆嘱咐，就会品味出其中的深刻意蕴来。据《三国志·孙策传》记载，孙策对孙权嘱咐说：

　　　　举江东之众，决机于两阵之间，与天下争衡，
　　卿不如我；举贤任能，各尽其心，以保江东，我
　　不如卿。

　　意思是说，带领江东的全部人马，在敌我双方的军阵之前选定克敌制胜的战机，与天下英雄一决胜负，在这方面说实话老弟你不如我；但是选拔贤才，任用能人，使他们各自尽心尽力，从而牢固保全江东，这方面我又不如你老弟了。

　　常言道，知子莫若父。同样也可以说，知弟莫若兄。孙策在自己大限来临之时所作出的上述评语，可信度自然没有问题。他认为：指挥部队决战疆场的军事才能，这自然是自己的强项；但是选拔英才并使之充分发挥能力，从而牢固保全江东，那又是老弟孙权的强项了。在孙权身上的诸多品质当中，孙策唯独只提了选用贤才这一项，足见这是孙权最为

突出，因而也最为引人注目的优秀品质。在保有江东应当采取的诸多重要措施当中，孙策又唯独只提了选用贤才这一项，足见这又是诸多措施中最为急迫，因而也最应当首先解决的第一要务。因此，对于孙权而言，选用贤才不仅因为客观形势的急迫需要，而且还多了一重推动的因素，那就是兄长临终前的殷切嘱托了。

带着这样强烈的使命感，孙权开始在江东营造出一片非常适合英雄豪杰施展本领的气氛和环境来。而本书的主人公陆逊，也正是在这样大好的历史时刻，正式进入孙吴的政治舞台。古往今来成就大事者，主观努力和客观机遇，两者缺一不可。现今陆逊碰到了难得的客观机遇，那么他在主观努力的展现上又会如何呢？

陆逊政治生涯的第一步，是在孙权的幕府当中担任低级的下属，而且时间还不短，大约持续了好几年。

此时孙权的正式身份，是东汉朝廷任命的讨虏将军，兼任会稽郡的郡太守。所以孙权的"幕府"，就是他的讨虏将军府署。这个向外发号施令的中心，设立在当时江东的政治中心吴县（今江苏省苏州市）。而他兼任的会稽郡太守，治所是在山阴县（今浙江省绍兴市）。孙权派人前往会稽郡代理该郡的行政事务，而自己则在吴县统管江东的军政全局。

建安八年（203 年），陆逊来到孙权的幕府中报到。他所担任的第一个具体职务，用现今的话来说，是人事处的主办科员，用当时的话来表述，则是"东曹令史"。当时高级官员的府署之中，其分支机构习称为"曹"。其中的东曹、西曹，照例是分管人事，只是各自分管的范围有所不同而已。每曹的主官叫作"掾"，副主官叫作"属"。在掾、属之下，负责拟办公文的吏员就是"令史"。所以陆逊担任的东曹令史，属于一种低级的职务，在外人眼里看来，并不十分的风光。

但是，陆逊对此却毫不在意。他非常珍视这样难得的从政机遇，决心要从最基层的低级职务做起，好好磨砺自己，为今后长远的发展打好扎实的基础。出于这样的理智考虑，所以他在幕府中不仅认认真真、踏踏实实地听命办差，而且对于自己做出成绩却没有得到升迁奖励的尴尬处境，一点也没有放在心上。

陆逊在东曹担任了好长时间的令史之后，又被调往西曹，职务依然是低级的令史。在西曹，他同样又担任了好长时间的令史，依然没有得到任何的升迁。这种长时间把他放在底层，一直不提升他职务的背后原因究竟是什么呢？

原来，这是孙权在考验和观察他；而考验和观察的根本目的，从后来的结果上看，则是孙权有意在培养他。

　　陆逊出自江东的名门大族，同样是江东土著的孙权自然很清楚。但是，家世背景非常光辉，并不说明你本人的才能和品格就非常出色，世间上出身名门望族的草包多了去了，不久之前在淮南想称帝，结果却招致迅速灭亡，成为天下笑柄的袁术，就是一个活生生的例子。你陆逊究竟有没有真本事呢？最好的办法，就是近距离和长时间对他考验和观察一番。这就是孙权把陆逊安排到自己的府署之内，长期担任下级的令史，先东曹，后西曹，长期不给他提升职务的主要原因。

　　考验和观察之后的印象，孙权感到相当的满意。陆逊不仅在公务文书的处理上具有出色才能，而且为人的品性上也任劳任怨。但是，孙权并未停止，他还要进一步看看陆逊有没有更高和更大的本领，是不是一个文武兼备的军政全才，能不能担当更大的重任。他决定让陆逊独当一面，直接去统领一支屯田军队，同时又治理一个县的民众，再看看结果如何。

　　于是，陆逊接到孙权一道任命，前往吴郡的海昌县（今浙江省海宁市盐官镇），担任屯田都尉，同时兼管该县的行政事务。所谓"屯田"，就是大规模组织化的农业生产制度，东汉末年到三国时期得到广泛的使用，以解决粮食供应紧缺，特别是军粮供应紧缺的问题。屯田分为军屯、民屯两种。军屯是以正规军队作为劳动力，在驻地附近耕种田地从事生产，诸葛亮北伐曹魏时在五丈原的屯田就是如此。而民屯的主要劳动力虽然是普通民众，却是采取了军队化的组织系统，严格进行管理和指挥，其性质相当于后世预备役的民兵队伍，所以依然具有打仗作战的功能。其中，地域较小的县一级屯田区，其指挥官叫作"屯田都尉"；地域较大的郡一级屯田区，其指挥官叫作"屯田校尉"。都尉和校尉仅有一字之差，官阶却差了一级。不过对于陆逊而言，从科员级的令史，变成了县处级的屯田都尉并兼任县长，依然算是职务上的提升。

话说陆逊走马上任，来在海昌。此处虽然位于他家乡吴县的南面不远，然而两者在农田水利灌溉的便利上，当时却有显著的差距。吴县是现今江苏省的苏州市，位于太湖之滨，淡水资源充沛，农田灌溉极为便利，所以农业生产自先秦时期以来就非常兴旺发达。至于此时他所任职的海昌县，在今浙江省海宁市西南的盐官镇一带。现今的盐官镇，堪称一处非常闻名的旅游景区，既是观赏钱塘江大潮的最佳地点，又是近代大学者王国维的故乡，他在此地的故居古朴幽静，风物依然。不过在三国时期，此处的情况还不是如此富庶宜人。

由于正好位于钱塘江出海口的北岸边，直接面对滔滔东海，所以才得到一个"海昌"的地名。此处海水的含盐量很大，非常适合晒盐，却不适合农作物的灌溉，所以农业生产所需的用水，全靠老天爷平时降雨和山间泉流之水，这就远远比不上具有太湖灌溉之利的吴县了。

陆逊没有想到，自己一上任就接连遭到严峻的考验。

第一个考验来自气候。从陆逊上任伊始，当地就连年降雨稀少，旱灾不断。陆逊一面发动和指挥屯田队伍寻找新的水源，抗旱救灾，补耕补种，努力发展蚕桑养殖，一面又开仓放粮，赈济弱势群体，挽救民众生命。经过一番艰苦的努力，终于度过最为危急的难关，在民众额手称庆的气氛中，重新迎来农业生产的复苏。

第二个考验来自土匪帮。海昌县的经济恢复向好局面之后，一支土匪帮就盯上了这块肥肉。他们来自南边邻接的会稽郡（治所在今浙江省绍兴市），为首的头目叫作潘临。匪帮经常寻找机会，从深山中突然杀出来，恣意烧杀抢掠一番，然后迅速撤退回山，弄得当地老百姓惊恐万分，苦不堪言。面对这一股气焰嚣张的土匪，陆逊发誓要在自己的任职期间，彻底铲除这个大毒瘤，以保一方平安。于是，他奏请孙权批准，暗中组织起一支上千人的军队，然后进行严格的山地作战训练。与此同时，又派出得力干员潜入深山，将匪帮的分布和巢穴，一一打探得清清楚楚。

眼看时机成熟，陆逊亲自挥兵突然杀进深山，兵锋直指土匪的老巢。以潘临为首的匪帮，多年以来一直没有遭受过官府的打击，在山中过着逍遥自在的日子，所以毫无戒备的心理和措施。面对准备极其充分的陆逊军队，他们被打得毫无还手之力，不是被当场诛杀，就是纷纷举手投降。陆逊一战成功，不仅彻底铲除了匪患，而且还把愿意改恶从善的俘虏，编入自己的队伍，手下兵力迅速壮大到两千多人马。

那时候的孙吴，两千人马就是一支独立正规军的标准配置，相当于后世的独立团。作为这支独立正规军的指挥员，陆逊的身份即将开始发生关键性的变化了。

考虑到陆逊已经在清剿山区匪帮上取得了经验，接下来，孙权又命令陆逊，率军奔赴西南方新成立的鄱阳郡（治所在今江西省鄱阳县），前去平定一股山区的叛乱武装。陆逊立即挥兵疾进，跋涉千里，来到鄱阳地界。到达之后，陆逊奉行"兵贵神速"的用兵方针，立即出敌不意，发起猛烈攻势，将其彻底消灭。孙权得到捷报，非常之高兴，随即宣布两项指令：一是提升陆逊的军阶为"定威校尉"；二是陆逊不再返回海昌，而是率军驻守在长江沿线一处防御曹魏的军事要塞，当时叫作利浦，在今安徽省和县东面的长江北岸之滨。

这两项指令，对于陆逊而言具有重要的意义，因为这是他仕宦生涯的标志性转折点，使他从此正式走向军界，走向这一最能展现他杰出才能的新领域。

当时朝廷官方正规军队中的将领军阶，从高到低可以分为"将军""中郎将""校尉""都尉"等大类。此前陆逊所担任的海昌县"屯田都尉"，在级别上就属于最低级的"都尉"一类。现今升任的"定威校尉"，则属于稍高的"校尉"一类。其实，现代军队中的军衔称谓，比如上将、上校、上尉，中将、中校、中尉，少将、少校、少尉之类，其中的"将""校""尉"三种军阶，都是从古代军事将领的上述名称继承而来。

至于"将军""校尉""都尉"等类别的前面，当时又会加上不同含义的定性词语，从而构成完整的军官职称。比如陆逊"定威校尉"的"定威"，含义就是能够定立军威；孙权"讨虏将军"的"讨虏"，含义就是能够讨伐强虏。

由于孙权当时的政治身份，还只是东汉朝廷之下的"将军"，而非正式国家的君主帝王，所以他当时所能授予的军官职称，除了非常特殊的情况之外，大多只能是"将军"以下的三类，即"中郎将""校尉""都尉"。要等到他正式称王及称帝之后，他才会任命大量的"将军"级军官，这都是后话。

从陆逊入仕孙权幕府开始，到如今升任定威校尉为止，他在基层磨砺打拼的过程，已经持续了十年以上。而孙权对他的考验和观察，同样持续了十年以上。对于陆逊而言，十年以上的磨砺打拼，使他自身终于开始进入事业发展的佳境；对于孙权而言，则使他发现了一位自己急切需要的将帅之才，以及一位值得托付侄女终身姻缘的最佳对象。

孙权之所以急切需要将帅之才，在于两方面的现实因素。

首先是因为孙吴领土的迅速扩张。在孙权整个事业的发展进程中，最初十多年是一个领土迅速扩张的时期。在大体上稳定了内部的政治局势之后，他就开始向外拓张自己的发展空间。环顾他所依靠的江东根据地：向东和向南两个方向，面临的都是大海，没有发展的余地；向北面临的是长江，而长江北岸是实力强大的曹操，所以往北面发展目前也不太现实。唯一可能发展的方向，而且非常有利的方向，就是位于西面的荆州了。兵法有云："知己知彼，百战不殆。"从"知己"上说，荆州位于长江上游，从江东扬帆溯流而上，不仅交通非常便利，而且可以充分发挥孙吴军队擅长水面作战的特殊优势。从"知彼"上说，荆州当时的军政长官，是才能平庸的刘表，相当容易对付。因此，孙权就把向西发展确定为自己的战略方针。

就在陆逊首次出仕幕府的建安八年（203年），孙权已经开始发动向西拓张的强劲攻势，出兵进攻刘表的大将黄祖，取得首战的胜利。建安十三年（208年）春天，孙权大军全歼黄祖，将荆州东面的江夏郡（*治所在今湖北省武汉市新洲区*）纳入囊中。当年的冬天，曹操南下进攻荆州。孙权与刘备结盟，在赤壁大战中充当主力打败曹操，又占领了荆州的南郡（*治所在今湖北省荆州市荆州区*）。至此，孙吴的领土空间，成功拓张到了长江的中游，其全境东起长江的入海口，西至长江三峡的东端，绵延将近四千里之遥。为了适应领土向外拓张的崭新形势，孙权又把政治中心从原来的吴县（今江苏省苏州市），向长江之滨转移。他对长江南岸边的秣陵县（今江苏省南京市），进行大规模的打造之后，将其改名为"建业"，作为自己的新首都。所谓"建业"者，即建立宏大事业的意思也。单是从这一命名上说，当时孙吴领土扩张的形势即可窥见一斑了。

其次是因为孙吴杰出将帅的相继谢世。在表面上一片大好的形势之下，孙权却有深深的隐忧。大好形势是怎么得来的呢？那是自己手下的杰出将领，其中以周瑜为代表，带领千军万马活生生打出来的。如果要想很好地保持这种大好的形势，并且进一步打出更加美好的形势，那就需要更多的杰出将领才会成功。但是，现今孙权手下的杰出将领，基本上都是当初孙策从江北地区带过来的那批老部下，可以说是在吃大哥给自己留下来的老本钱。而"老本钱"的数量是有限的，死亡一位就会减少一位，所以近年来随着战争的增加，杰出将领非但没有增加，反而呈现减少之势。比如孙权上台之后长期担任三军主帅的周瑜，就是江北的庐江郡舒县（今安徽省庐江县）人氏，他在攻灭黄祖、击败曹操、夺占南郡等一系列重大战役当中，都发挥出非同凡响的军事天才，为拓张领土起到决定性的作用。可惜在建安十五年（210年）就因病去世，死的时候年仅三十六岁。接替周瑜担任主帅继续镇守上游荆州的鲁肃，则出自江北的临淮郡东城县（今安徽定远县），他虽然才智也很不凡，却比周瑜明显逊色一筹，而且年龄比周瑜还大，现今已有四十多岁，无论是身体状况和精神气概，都比不上当初"雄姿英发"的周公瑾了。现如今上游的荆州，又有刘备的骁将关羽在那里镇守，相当于卧榻之侧，还有虎狼酣睡。在这种情况之下，孙权急切想要从江东本地物色和培养新一代的杰出将领之才，弥补老将们减少的致命亏空，其心情就完全可以理解了。

在认定陆逊就是一株值得培养的好苗子之后，孙权决定要采取非常特别的举措来争取和笼络陆逊，使之能够全心全意，尽心尽力，为自己效力终生。这项非常特别的举措是什么呢？两个字：联姻。

把联姻当作一种争取政治利益的手段，这并非孙权的发明，早在先秦时期就已经出现了。春秋时期的秦国和晋国，就曾经一再联姻，协调与黏合彼此的政治利益，从而留下一个"秦晋之好"的成语传播至今。纵观三国时期，在这方面频频熟练使用的老手，孙权是其中之一。对于刘备，他不惜把自己的亲妹子嫁了过去，以便巩固彼此的同盟关系，这被后世演绎成为众所周知的甘露寺招亲故事和《龙凤呈祥》的戏文；对于曹操，他又派遣特使徐详，前去表达愿意在此前双方已经联姻的基础上，再一次联姻的意愿，以便缓解曹操在北面咄咄逼人的军事压力，使自己能够全力以赴来应对西边荆州的关羽。那么这时的他，准备把哪位窈窕淑女许配给陆逊呢？就是他大哥孙策留下来的宝贝女儿了。

当初孙策在世的建安四年（199年）冬天，孙策曾经与周瑜一起，挥兵攻打江北的庐江郡。那时庐江郡的治所是在皖县，即今安徽省的潜山县。这皖县虽然地处山区，却与王昭君的故乡秭归（今湖北省秭归县）一样，都是在那一片青山绿水之间，滋养出绝世的美女来。这皖县有一个姓桥的人家，主人因为年纪较大，所以乡亲四邻都尊称他为"桥公"。桥公有两个女儿，都有沉鱼落雁之容，闭月羞花之貌，被史书上形容为"国色也"，又称姐姐为"大桥"，妹妹为"小桥"。

不过请读者诸君注意，史书上记载这两姊妹真实而可靠的姓氏，是带有"木"字偏旁的"桥"，不是乔木的"乔"。后世的小说和戏曲，把她俩的姓氏弄成了乔木的"乔"，这是一种不明真相的误说。

人们常常把美好姻缘形容为"天作之合"，也就是老天爷特别安排好了的撮合。真正当得起这四个字的，至少三国时期就有两对。孙策、周瑜这两人，不仅关系好得如同亲兄弟，而且都是二十五岁单身未娶的大帅哥；而桥公的两个宝贝千金，不仅年龄都比两个帅哥要小几岁，均已到了可以婚嫁的芳龄，而且又都还待字闺中，没有选定合适的人家。也就是说，就好像两位大帅哥正在等待这两位大美女，而两位大美女也正在等待这两位大帅哥。于是乎，顺利打下皖县之后，就在庆功宴上把喜事一并办了：年龄比周瑜要大一个月的孙策，娶了姐姐大桥；而周瑜就娶了妹妹小桥。

可惜好景不长，到了第二年孟夏四月的初四日，孙策被人刺杀而去世。此时的大桥夫人，已经怀有身孕，而腹中的小生命，生下来是一个女婴。在孙权家族的悉心照顾之下，这个女婴也顺利成长，而且也是一个像她母亲那样的美女。在三国时期，早婚的现象非常普遍，女性在十多岁时即可出嫁。就以陆逊家族自身为例，上文已经提到的陆绩，其女儿名叫郁生，年仅十三岁时，就许配给同乡人张白为妻。擅长儒学的曹魏大臣王肃也说过，男子十六岁可娶，女子十四岁可嫁。此时孙权的这个大侄女，芳龄大约十五岁，早已经到了可以谈婚论嫁的年龄。在孙权的亲自主导之下，就把她许配给陆逊为妻了。

自此，陆逊变成了已故孙策及其遗孀大桥夫人的女婿，而孙权成为他的岳叔父，周瑜成为他的岳姨父。这样一种特殊的姻亲人际关系，当然是陆逊今后在军政界发展上的有利条件。

对于陆逊来说，这桩婚事虽然来得有点意外，但也使他深深感动不已。他想：自己已经三十岁出头，而女方正值妙龄，才只有自己年龄的一半。主公根本没有计较年龄上的差距，这说明了什么？说明对自己异常之看重。更为重要的是，女方的身份，乃是主公大哥唯一的亲闺女，这又说明了什么？说明主公是要用这种极其特殊的方式，来对过去曾经有过的恩怨情仇，表示深切的歉意和真诚的弥补。自己此生何其有幸，碰到了这样一位具有开阔胸襟和非凡气度的主公，除了尽忠效力终生不渝之外，还能有另外更好的方式来报答吗？陆逊就是在如此振奋和感激的心境之中，进入了他开始崭露锋芒的人生新阶段。这正是：

　　　　十年磨砺奠基础，崭露锋芒在此时。

要想知道陆逊在他人生新阶段崭露出怎样的锐利锋芒，从而为他后来升任孙吴全军主帅奠定了坚实的基础，请看下文分解。

第三章

显露锋芒

陆逊成为孙权的侄女婿之后,孙权也就没有把他当作外人,开始频繁向他深度咨询,请他对眼下最为紧迫的政务提出建议。陆逊也不谦让推辞,立即把自己思考成熟的意见和盘托出。其中,被详细载入史册的第一项建议,可以称之为"围取山越"。《三国志·陆逊传》中,对此就有如下的档案记载:

> 权以兄策女配逊,数访世务。逊建议曰:"方今英雄棋峙,豺狼窥望;克敌宁乱,非众不济。

而山寇旧恶，依阻深地；夫腹心未平，难以图远：
可大部伍，取其精锐。"权纳其策，以为帐下右部
督。……遂部伍东三郡：强者为兵，羸者补户，
得精卒数万人。

大意是说，孙权把哥哥孙策的女儿，许配给陆逊为妻，
并多次向他咨询政治事务问题。陆逊建议说："当今豪强人物
像棋盘上的棋子一样到处割据，凶恶的曹操则像豺狼窥视着
我们江东；要想战胜敌人平定动乱，没有强大的军队就不能
成功。而江东广大山区中一直作乱的叛匪，则依凭深险山地
猖狂活动；这种心腹之患如果不去除，就难以谋取远方的地
域：可以大规模部署军队，围取山区中的各类人口，挑选其
中的精强力壮者充当士兵来扩大军队。"孙权采纳了他的计
策，任命他为帐下营右部分队的指挥官，去完成这一重要任
务。陆逊率军前往东面的丹杨郡、吴郡、会稽郡，部署军队
围取山区的人口：其中强壮者充当士兵，瘦弱者补充为在册
民户，一共得到了精兵多达几万人。

这段史实的文字虽然不长，但是记载的事件却非同小可，
不仅是陆逊人生发展进程的关键一幕，而且也是此后江东局
势发展进程的关键一幕。为何这样说呢？

自从孙策当初打下江东之后，孙氏政权的内政就面临一个潜在的严重问题，这就是山越的反抗日益激烈。两汉时期以来，在当时的扬州境内，现今浙江和安徽两省交界的万山丛中，分布有大量的山民，其中有一部分是古代越族的后裔，史书上笼统称之为"山越"。孙策攻占江东建立统治之时，曾经遭遇到山越的激烈反抗。一味崇尚武力的孙策，对部属下达严令，对于胆敢反抗的山越，一律实行武力镇压，格杀勿论。不料山越采取的是游击战或麻雀战的战法，史书称为"其战则蜂至，败则鸟窜"，意思是以深山为据点，打得赢就蜂拥而至，打不赢就作鸟兽散，消失在深山密林之中。面对这种战术，官兵的暴力镇压往往劳而无功，收效甚微。

孙策突然死亡之后，山越的反抗活动更加频繁。由于孙权一直忙于对外扩张领土空间，一时间还腾不出手来解决内部的山越问题，这就造成山越的活动愈演愈烈，已经从深山之中，蔓延到孙吴最为重要的东边三个郡，即丹杨郡、吴郡和会稽郡（当时治所分别在今安徽省宣州市、江苏省苏州市、浙江省绍兴市）。于是乎，如何彻底平定山越的反抗，就变成影响孙吴政权稳定的首要问题。上面记载中所谓的"数访世务"，是说孙权在将侄女许配给陆逊为妻之后，立即多次向陆逊征求重大政务的建议。而从陆逊的回答来看，如何解决山越问题，则是重大政务中孙权最为关心的焦点。

孙权向陆逊询问解决山越的问题，可以说是完全问对人了。一是因为问题出现的地区是在江东，而陆逊就是江东的土著，所以对此问题非常之熟悉，非常之了解，完全具有发言权。二是因为此前陆逊在基层的海昌县任职时，就已经亲自同当地的山区匪徒打过交道，后来又在鄱阳郡的山区，对付过山区的叛乱军队。在如何才能有效平定山区武装叛乱上，他积累了丰富的成功经验。最为重要的一点是，他对山越群体的人员组成、分布地区以及活动特点等诸多方面，早就进行过深入细致的观察和思考，已经形成了比较成熟的想法。现今面对孙权的询问，可谓正中其下怀，于是陆逊便从容把自己的方略一一道出。

陆逊首先是对山越群体的性质，重新进行认识。道理很简单，性质认识上的不同，就会导致处理手段上的不同。以往之所以会对山越采取残酷镇压和肉体消灭的手段，是因为这时的认识上，是将他们定性为毫无存在价值的凶恶匪徒所致。但是，陆逊的认识却明显不同，他把山越定性为一种具有重要利用价值的人力资源。其利用价值在哪里呢？用他的原话来表述，就是"强者为兵，羸者补户"。

所谓"强者为兵"，是把山越当中那些精强力壮的男性人丁，编入军队，充当上阵作战的士兵，这是在军事方面的重要利用价值。

至于"赢者补户"，则是把山越当中剩余下来那些体力较弱的人口，补充到官方严格管理的在册户口之中，这是在经济方面的重要利用价值。在当时，孙吴辖境之内的人口，按照是否严格纳入政府在册户口管理范围为标准，可以分为两大类。纳入管理范围的人口，主要成分为从事农业的农民，是为政府提供赋税收入的主要支柱。没有纳入管理范围的人口，大多就像深山中的山越一样，完全不受政府的控制，当然也就不向官方缴纳赋税。因此，一旦山越之中那些体力较弱的人口，被强制纳入官方的严格管理之下，就会为孙吴提供一大笔极为可观的赋税收入，所以这是在经济方面的重要利用价值了。

陆逊的建议有什么高明之处呢？简单比较一下就会清楚：以往孙吴是把平定山越的"安内"，与抵抗外部强敌的"攘外"，两者完全分开处理，互不联系，这就会造成两者难以兼顾，一兼顾就要出现兵力分散、不敷分配的困窘。而陆逊的方略却能把两者有效地整合起来，他要通过"安内"来不断扩充前线军队的兵员，不断增加后方农业的劳动力，不断扩大政府的赋税收入，从而可以更加有力地进行"攘外"，收到更加满意的"攘外"效果。

孙权专注地听着，脸上渐渐浮现出欣喜和赞美的表情来。陆逊话音刚落，孙权一拍双手，由衷赞叹道："伯言智计，果然不凡！"当场就提升陆逊为帐下右部督，全权负责处理丹杨、吴、会稽三郡山越反抗的事宜。

所谓的"帐下右部督"，乃是孙权特别设置的一种军职。当时孙权身边的直属警卫部队，称之为"帐下营"。而帐下营的右部分队，其指挥官就是帐下右部督。帐下营的主要任务原本是保卫孙权，但是孙权为了提高陆逊的身份，使他能够在地方上执行平定山越的任务时更加顺利，特别授予他这一军职，由此可见孙权对他的期望有多么殷切了。

话说陆逊受命，暂时告别娇妻之后，开始领兵进入山区，实施他平定山越的新方略。他的方略简而言之，即是把"攻杀"二字，改变为"围取"二字，完全把俘获山越的有生力量作为行动的目标。具体的步骤是：

第一步，先派遣间谍进山，侦察摸清山越的聚居状况，从而确定合适的目标点。

第二步，目标点确定之后，随即秘密派遣精兵，分别扼守目标点四周的交通孔道。一旦包围之势形成，负责围山的军队就逐渐向中心收缩。待到山越察觉动静时，已经陷入铁壁合围之中，无法向外逃脱了。

第三步，所俘获的山越，一律强迫迁徙出山。其中，精壮男丁编入军队，妇孺老弱则迁往山外的平原、丘陵，由当地政府严加管理，不准再逃亡回山。如此反复围取，深山之中的山越人口日益减少，被迁移出山的山越又无法组织起有效的反抗，局势自然趋于安定。在整个行动过程中，尽量不伤害山越居民的生命，因为这是极为宝贵的人力资源。

陆逊是一个行事非常稳重谨慎的角色。有了成熟的方略和步骤，他还要先进行试点，看看实践的效果如何，然后再来全面推广铺开。恰好在这时，一个现成的试验对象竟然自己送上门来，这是怎么回事儿呢？

原来，在山越频繁活动的东面三郡，即丹杨郡、吴郡、会稽郡之中，位于西北方向的丹杨郡，其北部边境正好面临长江，对岸就是曹操控制的淮南地区。自从赤壁之战吃了孙吴的大亏之后，曹操一直在暗中布置，向对岸的孙吴渗透，发展反抗孙权的敌后武装，于是只有一江之隔的丹杨郡，就成为被渗透的重点地带。这时的丹杨郡，有一支武装的首领叫作费栈，因为接受了曹操的招安，得到曹操送来的官印，于是按照曹操的指示，大力煽动丹杨郡的山越群体，起兵反抗孙权，充当曹操的内应。

　　面对如此合适的试验对象，陆逊岂肯放过？他立即挥兵奔赴丹杨，按照自己既定的方略和步骤，进山对付费栈。经过细致侦察，他发现费栈的党羽较多，而自己的兵力较少，又临机应变，在既定方略和步骤之上，再加上一条疑兵之计。他命令部下在山林之中，大量竖立起鲜亮的军旗，四处分布士兵去敲击战鼓和吹响号角，造成官兵数量众多的假象来迷惑敌人。然后，在夜晚率军潜入山谷之中，悄悄接近敌方的巢穴，突然发起猛烈进攻。由于山越武装都是临时拼凑起来的普通山民，从来没有受过正规的军事训练，所以面临正规军队组织有方的强劲攻击，毫无还手击之力。这一场实战性质的试验，就以陆逊大获全胜而迅速告终。

　　信心大振的陆逊，乘胜向上述三郡范围内的深山老林进军，正式开始大规模的"围取山越"行动。从史书的记载可知，这一行动大约持续了一年左右，最后取得了一系列辉煌的成果。

　　从政治上说，大批的山越民众被俘获后从深山迁移出来，从此在孙吴境内广袤的山区，动荡局面基本上被消除，社会秩序恢复到相对安宁稳定的状态，使得孙权能够在应对外部强敌时，不再有严重的后顾之忧。

从军事上说，被俘山越当中体质强壮的男性人丁，被输送到官方军队中去充当士兵，总数达到五六万人之多。深山之中减少了五六万人的武装游击队，而孙权手下却陡然补充了五六万人的生力军，这一消一长之后，江东政权的军事实力大为增强。

再从经济上说，被俘山越中没有编入军队的其他的人口，一律迁到缺乏农业劳动力的平原和丘陵地区，编入正式的户口登记册，从此成为接受官方有效行政管理的在册民户，专门从事农业生产，并向政府缴纳各种赋税。如果说，编入军队的精壮男丁都有五六万人之多，那么这批在册的农业人口，数量至少在二十万人以上。农业生产增加了这样众多的劳动力，经济上将会产生的促进和提高可想而知；这批人口从此开始向官府缴纳各种赋税，孙权在财政收入上的增加和改善同样可想而知。但是，如果从更大的历史视野来看，这方面的正面作用还不限于三国时期，而是对后世也有如下的深广影响。

黄河流域和长江流域，即俗称的北方和南方，是我们古代中华民族赖以生存和发展的两大主要经济基地。就整体的情况而言，北方的经济发展较早，在两汉时期特别是西汉，已经成为皇朝经济上主要依靠的区域，全国经济重心的所在。

但是，到了南北朝时期，南方的经济开始逐渐赶上北方，全国的经济重心逐渐开始向南转移，从而在国家统一和民族生存两个方面，都发挥了极其巨大的正面作用，这是中国古代历史发展大格局中，属于头等重要的大事件之一。

但是，南方在经济上的迅速发展期，集中出现在繁华的六朝，即三国、东晋和南朝，又以三国为其开端。其中对后世影响最为深远广泛的，则要数孙吴在江东地区全面而深入的经济开发。

陆逊所倡导的"围取山越"，正是孙吴这种经济开发的核心组成部分。孙权将此确定为长期国策之一，后来继续不断施行，其中成绩最为突出者，当数年轻将领诸葛恪，即诸葛亮胞兄诸葛瑾之子。

这项长期国策施行之后，大量山越民众不断离开深山，变成了孙吴的屯田农民。他们主要的屯田区，多在都城建业所在的周边丘陵一带，所以新的行政管理机构不断在此产生。其中，郡一级的屯田机构有毗陵典农校尉，下辖毗陵、云阳、武进三个县级屯田区，分别在今江苏省常州市、丹阳市、镇江市；县一级的屯田机构有湖熟典农都尉、江乘典农都尉、溧阳屯田都尉等，分别在今江苏省南京市江宁区湖熟镇、句容市北、溧阳市西。至于新设置的郡一级行政机构，则有新都、吴兴这两个郡：新都郡下辖六个县，治所在始新县（今浙江省淳安县）；吴兴郡下辖九个县，治所在乌程县（今浙江省湖州市）。

不难看出，以上这一大批屯田区，都是后世江南在太湖流域的经济发达区。也就是说，正是因为孙吴在江东经济的开发上，有了一个势头很好的开局，才为后世锦绣江南长期的绮丽繁华和人文鼎盛，打下了坚实的前期基础。作为孙吴这一经济开发长期国策的成功先导者，同时作为土生土长的江东本地人士，陆逊堪称是功莫大焉了。

话说陆逊完成任务，将经过和成果详细报告与孙权。孙权得知后大为欣慰，对部下说道："伯言不仅智计过人，而且庶事干练，真是一位不可多得的人才啊！"于是传令嘉奖陆逊，并且要求其他地方在处理山越的反抗时，也要参照陆逊的方略来办理执行。

不料就在此时，另一份公文也送到孙权手上。这是一封告状的信件，状告的对象不是他人，正是刚刚受到嘉奖的陆逊。这又是怎么一回事呢？

原来，在当时的会稽郡，有一位做事非常较真的太守，名叫淳于式，"淳于"是比较罕见的复姓。淳于式认为，陆逊在会稽郡的境内"围取山越"之时，曾经把一些并不属于山越的在册自耕小农，也一并当作围取的对象来处置了，使得当地老实守法的自耕小农，受到不小的惊扰。用他在举报信件中的原话来表达，就是"枉取民人，愁扰所在"。作为当地的父母官，淳于式认为有责任替老百姓说话作主，于是一封举报信就把陆逊告了。

但是，孙权却把淳于式的信件压了下来，并未深入追究和处理。这件明确记载在史书的事情，究竟应该作何解读呢？

客观而论，淳于式既然敢于公开署名举报告发，必定手中握有真凭实据，而非捕风捉影的诬告。陆逊所围取的山越，总数有三十万人之多，涉及的地域又很广大，要想做到人人都能准确甄别其身份，这也非常之困难。因此，冤枉抓走了一些原本不应该抓走的自耕小农老百姓，这应当是实情。既然是实情，那么孙权又为何没有对陆逊加以追究呢？

一是因为，陆逊被举报的问题，是对被围取民众进行的身份甄别，没有做到百分之百的准确细致，其性质是工作方法的疏漏，而非造成人身重大伤亡的刑事犯罪，所以严厉问罪就不必了。

二是因为，这种工作方法上的问题，既容易纠正，也不会造成严重的后果。因为遭受冤枉的老百姓依然健在，只消将他们从屯田区释放回家，重新恢复其自由农民的身份就可以了。所以严厉问罪也不必了。

三是因为，淳于式所列举的蒙冤民众，其人数不会很多，与陆逊所取得的正面功劳相比较，负面的作用较小，将功补过还绰绰有余，所以严厉问罪也不必了。

然而更为重要的一点，还是陆逊本人对此事件的正确态度，得到了孙权的高度赞赏。工作上取得优异成绩却遭人举报，一般人会有什么样的反应呢？最常见的反应，就是愤愤不平，然后赶紧为自己进行辩解，而且反反复复喋喋不休。等而下之者，则是以牙还牙，你敢举报我，我也来举报你，鸡蛋里挑骨头谁不会啊！但是陆逊不然，他依然平静如常，认真办理公务，好像根本没有发生过这件事情一般。不仅如此，就在此后不久，他被孙权召回都城建业，进一步了解围取山越的情况之时，他还极度称赞淳于式是一位值得提拔重用的好官。

孙权考验性地问他："淳于式曾经控告过您，而现今您却大力举荐他，这是为什么呢？"

陆逊平静地回答说："淳于式的本意，是想爱护他所管理的民众，所以才会上告我。如果我现今再来诋毁他，对主公您的政治思虑造成干扰，此风绝对不可长啊！"

孙权听了大为感叹说："这确实是有道德的人所做的事。不过别的人却难以做到呀！"对陆逊更加欣赏的孙权，还会对他严厉问罪吗？当然不会了。

纵观此后陆逊一生的为人处事，有一个显著的特色，那就是名将吕蒙对他的四个字评语："意思深长。"说他面对问题能够从大局出发，做到深思熟虑，而且思考得非常深入和长远。平定山越，正是他在孙吴内政稳定的大局上，进行深思熟虑的结果。接下来，他还会在孙吴对外战略的大局上，进行一番深思熟虑，从而为自己最终步入孙吴全军杰出主帅的行列，走出关键性的一步。

陆逊完成平定山越的任务之后，孙权向他发出新的指令：率军前往长江南岸的芜湖县驻扎镇守。当时孙吴的北部边境，大体是以长江的沿江地带为界，直接面对曹魏的地盘。所以孙吴会在沿江的要害之处，设置军事据点，以保持进可攻而退可守的有利态势。陆逊所镇守的芜湖县，在今安徽省芜湖市，正是孙吴沿江防线的一处重要据点。孙权之所以会将他调到这里驻扎，是看中了陆逊的军事才能，所以要把他从维护内部局势稳定的内卫队伍，调往拓张外部空间的正规野战兵团，看看他在第一线的对敌战场上能否建立奇功，从而成为全军主帅的后备人选。换言之，这一调动的深层次背景，依然属于孙权对他的考验和观察，以及对他的一种培养。

陆逊来到芜湖，上任之后的一番忙碌，自不必说。忙碌之余，面对那一江春水，茫茫烟波，他又开始了新的深沉思考。从他的本职范围而论，他只消把芜湖这一处军事要塞的防务考虑好，考虑周全，就算是非常称职的驻军守将了。但是，这绝不是陆逊的风格。他所考虑的，乃是孙吴全军主帅应当思考的问题，也就是眼下外部军事方面的全局，特别是其中潜在的巨大威胁，以及对此威胁应当采取的有效对策等等。用现今的话来说就是，吃的是打工仔的饭，操的却是CEO 的心。不过，要是不能操 CEO 的心，打工仔又怎么能够变成 CEO 呢？

陆逊的跨界性深沉思考，很快就会产生巨大的效应了。

这是建安二十四年（219 年），一个风生水起而且波谲云诡的年头。当年正月，已经占领益州并且出兵北上争夺汉中的刘备，在定军山一战中，派遣虎将黄忠，斩杀了曹魏前线主帅夏侯渊。三月，曹操赶赴汉中增援，却未能扭转局面，只好在五月间全军撤退，将双方地域的分界线，后退到秦岭山脉一线。当年七月，大获全胜的刘备，在汉中自立为"汉中王"，将王爵的冠帽戴到自己头上。同月，为了给西边的刘备呈送一份厚重的贺礼，在东边镇守荆州的主帅关羽，从大本营江陵（今湖北省荆州市荆州区），向北面曹魏的两个军事重镇，即樊城和襄阳（分别在今湖北省襄阳市的樊城区、襄城区），发动大规模的进攻，一时间声势震动了曹魏朝野，弄得曹操甚至还产生了暂时迁都以避关羽锋芒的念头。

在此刘、曹两家恶战正酣之时，冷眼在旁看热闹的孙吴又有何反应呢？表面上看，江东一片祥和平静，然而暗中却在酝酿可怕的杀机。原来在这时，孙权正在策划一场历史大戏，戏文的内容可以浓缩成两个字，就是"杀虎"。

那时的江东，生态环境真是好得很，到处都有野生的老虎出没。这就养成了孙权一个特殊的爱好，就是骑马驰骋山林，猎杀凶猛老虎。就在上一年的十月间，他在前往吴县（今江苏省苏州市）的视察途中，还顺便打了一回老虎来过瘾，差点被猛虎咬下马来。但是在眼下，他在这场大戏中要捕杀的"猛虎"，却是一个人，什么人呢？就是位列蜀汉五虎上将之首的虎将关羽关云长了。

大戏的剧本已经有了，领衔主演大戏的男一号也已经内定，是由孙吴镇守荆州的全军主帅吕蒙来担任。可是，却还缺少一名能够与吕蒙很好配合搭戏的男二号主演，孙权正在秘密物色之中。

当时吕蒙的驻地，是在上游汉昌郡的陆口。长江南岸有一条支流，叫作陆水，其汇入长江之处就是陆口，在今湖北省赤壁市西北的长江之滨，当时是一处重要的军事要塞。这一日，吕蒙对外声称自己患了重病，急需名医诊治调养。而在下游都城建业的孙权，随即公开发布指示，要求吕蒙回到都城来医治。然而在实际上，这是两人施放的障眼法，以便掩盖两人的秘密策划。

话说吕蒙离开陆口扬帆东下，途径芜湖。陆逊来到船上，拜望自己的上司。问候请安之后，陆逊就对吕蒙说道："如今强敌关羽与我方上游接壤，将军您为何远离荆州来到下游呢？您离开之后，荆州的局面岂不是令人忧心吗？"吕蒙听了不禁心中一震，但他此时又不能泄露天机，就敷衍性回答说："你的话说得很对，但我确实病得太重，不得不离开啊！"

陆逊接着又说："关羽此人，骁雄自傲，气势凌人。他目前在襄阳建立了大功，更加骄傲放纵，只想往北面进攻，对我方却没有提防；一旦听到您又生病远离，他必定更加没有防备。如果出其不意动手，完全可以制服他！将军您到下游见到主公的时候，应当好好向主公计划一番呀！"表面上吕蒙没有多大的反应，心中却是欣喜万分，因为能够与他很好配合搭戏的对象，让他自己在无意之间亲自物色到了！

　　一回到建业，吕蒙就向孙权报告了自己与陆逊的谈话情况，然后建议说："陆伯言思虑问题深入而长远，才能堪当重任。现时他的名声还没有传到远方，不会受到关羽的顾忌，正是最为合适的人选。如果让他来接替微臣的职位，应当要求他对外尽量收敛深沉，暗中却努力观察清楚对方的形势和要害，这样就能完成主公所希望的大事了！"

　　在孙权前半生的事业蓬勃发展时期，孙吴的政治生态具有两方面的优良风气：一是孙权本人能够慧眼识人，而且从善如流，所以能够实现君臣团结，同心同德；二是全军的主帅，不仅本人才能杰出，又能气度宽广，能够大力举荐贤才作为自己的接班人，绝对不嫉贤妒能，绝对不搞窝里斗。比如第一任主帅周瑜，临终前就举荐鲁肃接替自己，孙权欣然同意。鲁肃发现年轻的吕蒙在学问和见识上进步神速，由衷给予高度的赞美，并且留下"吴下阿蒙"的成语流传至今，这也为日后吕蒙接替鲁肃成为第三任主帅，提供了极为有利的条件。现今吕蒙对待陆逊，同样继承了这种大力举荐的优良风气，对陆逊早有考验和观察的孙权，当然立即同意批准。

　　于是孙权发布公开命令：提升陆逊的军阶，从中等的"校尉"一级，晋升到高等的"将军"一级，正式名称为"偏将军"，而且依然保有指挥直属警卫部队的"右部督"职务；

至于具体的任务，则是前往陆口，接替因"病重"而离职的吕蒙，镇守上游的辖境。同时又秘密指示陆逊：按照吕蒙的既定方略，好好配合吕蒙，伺机对荆州的关羽，发动一场毁灭性的攻击。至此，陆逊就正式以配角的身份，开始登台上演一出鏖战荆州的"杀虎"好戏，从而开始走向他人生的辉煌时期。这正是：

　　　　鏖战荆州强敌日，人生走向辉煌时。

　　要想知道孙、刘两家为何会在荆州大打出手，陆逊又如何在双方的连续鏖战中一再建立奇功，创造人生的辉煌，请看下文分解。

第四章

鏖战荆州

　　陆逊人生的辉煌时期，是从他到荆州的一番鏖战开始的。为了对他这段有趣的故事，有一个全面而深入的了解，须得先花一点篇幅，弄清楚孙、刘两家为何会在荆州大动刀兵的原因。根本原因有二：一是历史的旧账，二是现实的威胁。

　　先来看历史的旧账。

　　所谓历史的旧账，乃是孙、刘两家，在瓜分荆州地盘上的收入和支出。这本旧账的产生根源，在于当时的荆州，是一块十分诱人的大蛋糕，而这一点，是由荆州的经济地理形势所决定的。前面说过，东汉后期的行政区划，演变为州、郡、县的三级行政体制。除开附属的西域部分，全国共有 13 州，下辖 105 郡，1180 县，在册人口 4915 万。其中的荆州，主要地域在今湖北、湖南、河南三个省，是一个地域广阔而人口繁盛的大州。下辖 7 个郡，117 个县，在册人口 607 万，大大超过了全国每州 385 万人口的平均值。东汉末年天下大乱，北方的黄河中下游，南方的江淮流域和江东，这三处都变成血火横飞的战场。而地处南方长江中游的荆州，在军政长官刘表的经营之下，则是一块相对安静富庶的乐土，因而包括刘备、诸葛亮等在内的大批精英人物，才会从北方来到荆州避难安身。但是，当上面三大块战场的割据群雄纷纷被剿灭，曹操和孙权成为胜利者之后，荆州的幸福时光就宣告结束，因为这块大蛋糕被这两个胜利者盯上了。

建安十三年（208 年）上半年，孙权首先出手，向西扩张消灭了刘表的部将黄祖，切割了荆州中部东面的江夏郡。接下来曹操下手更狠，出动 20 多万大军，南下襄阳（今湖北省襄阳市），先后切割了荆州北部的南阳郡、中部西面的南郡之后，又掉头向东进攻孙权，爆发了赤壁之战。赤壁之战后，荆州这块大蛋糕被切成三块：北部的一块，即南阳郡再加南郡北端的襄阳，由曹操继续占有；中部的一块，即南郡和江夏郡，由孙权分享；而南部的一块，即长沙、零陵、桂阳、武陵四个郡，则落入刘备之手。好比是一个鸭梨横切成三段：最小的上段归曹操，较大的中段归孙权，最大的下段则归了刘备。

以投入产出比而言，刘备获得的利润当然最大。此前的他，还在刘表那里当寄居的客人，说白了是在吃救济，手中完全没有自己的产业。赤壁之战中，他又只是敲边鼓的配角。然而他却切下最大的一块，面积超过荆州的一半。但他并不满足，因为自己这块蛋糕虽然最大，却并非最甜。最甜的部分在哪里？就是孙权盘子里的南郡。

为什么南郡这块最甜？因为它北面有重镇襄阳扼守汉水，南面有要塞江陵（今湖北省荆州市荆州区）控制长江，正北是通往京城洛阳的干线大路，向西是进入三峡前往益州的必经水道：在荆州各郡之中，其军事价值最大。如果不占据这个水陆交通的大十字口，那么诸葛亮"隆中对"所说的"跨有荆、益"，"天下有变，则命一上将将荆州之军以向宛、洛，将军身率益州之众出于秦川"，这种两路夹攻中原的战略设计，就完全无法实现。因此，想办法把南郡拿过来，就成为刘备和诸葛亮的当务之急。但是，南郡当时是在孙权手中，如何拿过来呢？用武力吗？肯定打不过势头正旺的孙仲谋。

想来想去，想出一个成本最低的办法，这就是借。于是，后世常说的"刘备借荆州"就新鲜出炉了。

借荆州的故事流传很广，但是误会者也很多。有的以为刘备借荆州，就是借了整个荆州的全部郡县；清朝学者赵翼又走另一个极端，认为这完全是孙吴一方故意炮制的大谣言。其实，不要说曹操当时一直都控制着南阳郡，就是孙权，也一直把江夏郡握在手中，从未出借过。可见"借荆州"，绝对不是借荆州的全部。历史的真相是，由于荆州的行政中心一直在南郡，比如当初刘表时在南郡的襄阳（今湖北省襄阳市），而刘备借到南郡后，也将自己的荆州牧官署，先后设置在南郡的公安和江陵（分别在今湖北省公安县和荆州市荆州区），所以当时史籍对于借南郡一事，又才会称之为"借荆州"。

就在刘备迎娶孙权的妹妹孙夫人为妻之后，就以自己的治所公安，城池实在太狭陋，不能容纳前来投奔的荆州士民，也不适合新婚燕尔的孙夫人居住为由，正式向孙权请求借用南郡。初次尝试以碰壁告终，因为遭到周瑜为首的大批臣僚坚决反对。这也难怪，镇守南郡的周瑜，正在谋划由此向西攻取益州，怎能将这块战略要地拱手让出？再说南郡是周郎艰苦奋战两个年头，先在赤壁恶斗曹操，后在江陵血战曹仁，付出胸部中箭的惨痛代价，硬生生从曹操手里抢下来的。现今你一个轻飘飘的"借"字，就要将其拿走，能答应吗？

但是，看似不可能的事，后来却真的办成了。原因很简单，不幸周郎竟短命，新帅鲁肃上台来。鲁肃认为，眼下主要敌人还是曹操，而刘备是我们的战略伙伴；再说把南郡借给刘备，让刘备在上游帮助我们抵挡曹操，那是好事。在当时，孙吴还是军事性政权，所以军队主帅的意见，对孙权有很大的影响力。于是，刘备如愿以偿，借到南郡，进驻江陵；而原本镇守江陵的鲁肃，则将驻地撤到下游的陆口。作为缓冲和补偿，刘备从自己的长沙郡东北部，划出一小块与陆口接壤的地带，让对方在此设立一个汉昌郡，由鲁肃兼任郡太守。

时间到了建安二十年（215年），孙权听说刘备已经占领益州，就派遣诸葛亮的大哥诸葛瑾为特使，前往成都讨要历史的旧债。不料对方却拒绝归还，旧账果然变成了坏账。既然不归还至关重要的南郡，孙权就要求对方用长沙、零陵、桂阳（治所分别在今湖南省长沙市、永州市、郴州市）三个郡，作为补偿。谁知孙权派去接管三个郡的官员，全部遭到关羽的暴力驱逐，连衙门都没有看到，就集体下岗了。

讨债遭忽悠，索赔又遭拒绝，赤壁之战的胜利成果全部被对方占有，核心利益受到如此严重的损害，孙权当然要奋起捍卫，于是命令吕蒙挥兵前去攻占上述三个郡。就在双方将要大打出手之际，因为曹操大举出兵汉中，刘备受到北面的巨大压力，只好向东面的孙权求和。于是双方重新确定盟友关系，并且以湘江为界，重新分割荆州的地盘：湘水以东的长沙、江夏、桂阳三郡，归孙权；湘水以西的南郡、零陵、武陵三郡，归刘备。

以上，就是一笔历史的旧账。对于这样的结果，孙权大体还算满意。但是，随着形势的发展，现实威胁的因素又开始凸显出来。现实威胁产生的根源在哪里？根源就在于，从军事地理上看，当时双方的分界线，并非相对稳定的疆域线。

据笔者撰文研究，三国之间相对稳定的疆域线，必须具备两点条件：一是在军事上，对峙的双方都难以轻轻松松地逾越；二是即使逾越，也很难长期保持通畅，从而会招致重大挫败。不符合两个条件的，就难以稳定，双方将会通过军事冲突的方式进行调整，直到调整到相对稳定疆域线的位置为止。比如孙吴和曹魏，相对稳定的疆域线是在天堑长江的北岸一线；曹魏和蜀汉，是在连绵陡峭的秦岭山脉。而后来诸葛亮之所以最终未能北伐成功，根本原因也在于秦岭的阻隔。

至于孙、刘两家相对稳定的分界线，乃是在雄奇险峻的长江三峡一带，后来的情况就是如此。但是在这时，情况却完全不然。此时的双方分界线是在湘江，而湘江的水面远不如长江宽阔，波涛也远不如长江汹涌，双方都很容易跨越，所以并非相对稳定的分界线，有边界等于没有边界。更为不幸的是，对方在湘江西岸镇守的关羽，本来就是作风强势的虎将，如今借着刘备自称汉中王的有利形势，北上进攻曹魏，声威大震之下，更加咄咄逼人。面对如此容易跨越的边界，如此咄咄逼人的强邻，孙吴君臣当然会感受到潜在的巨大威胁，所以《三国志·吕蒙传》中记载吕蒙对于这种形势的感受，才会有下面这段话："与关羽分土接境，知羽骁雄，有并兼心，且居国上流，其势难久。"古人说得好，卧榻之侧，岂容他人酣睡？于是孙吴就抓住关羽尽锐北上进攻曹魏的难得时机，抢先动了手。

时年 37 岁的陆逊，就是在这样复杂的历史背景之下，在建安二十四年（219 年）前往荆州，闪亮登场亮相，并且从此与荆州结下长达 25 年的不解之缘，直到他 62 岁时去世为止。

按照吕蒙定下的这场战略设计，陆逊所出演的角色，以及相应要完成的任务，具体有三：

一是扮演成没有能耐的书生，用《三国志·吕蒙传》的原话来表述，就是"外自韬隐"。所谓"外自韬隐"，是要陆逊在表面上必须韬光隐晦，绝对不要显露锋芒，尽量装成一个才能既平庸，经验也缺乏，又还老实可欺的书生。具体的任务，是对关羽大量施放"迷幻剂"，使其对东边的孙吴方向作出完全错误的判断，从而轻敌自负，放松戒备。

二是扮演成精明过人的特工。用吕蒙的原话来表述，就是"内察形便"。意思是要求陆逊在暗中派遣干练可靠的侦查人员，沿着长江潜入上游的敌境，直到关羽的大本营江陵一带，观察收集对方沿江布防的军事形势和薄弱环节，为即将发动突然袭击的孙吴大军，提供最为有利而准确的情报。

最后当然是扮演成冲锋陷阵的猛将，任务是在吕蒙主力军团发起进攻之后，配合主力从侧翼进行助攻，尽量扩大战果，夺取完全的胜利。

陆逊一到陆口就进入角色。他在不断派遣间谍潜入敌境的同时，又立马开始向关羽施放"迷幻剂"。此前吕蒙在陆口任上时，就对关羽玩过这一套把戏，如今陆逊上了场，演得比前任吕蒙还要精彩。他先是"诚诚恳恳"写了一封问候致意的信函，算是来到荆州后，先对军界的老前辈兼荆州的老邻居，打一个招呼，拜一下码头。要想知道古人如何把致人误判的"迷幻剂"，隐藏在文采斐然的文字当中，陆逊的信函堪称是范本，不可不细细品味一番。《三国志·陆逊传》的原文如下：

> 前承观衅而动，以律行师；小举大克，一何巍巍！故国败绩，利在同盟，闻庆拊节；想遂席卷，共奖王纲。
>
> 近以不敏，受任来西；延慕光尘，思禀良规。

一开头就是无法拒绝的大段吹捧——听说此前将军您观察曹操的破绽而见机出动，以严格的军事纪律指挥麾下的大军向北进攻；小动刀兵就取得巨大胜利，功劳是何等的巍然不凡啊！敌国惨遭失败，对于我们当盟友的来说自然非常有利，所以我们一听到您的捷报就高兴得用手敲打起节拍来；衷心希望您能够继续前进席卷北方，从而共同扶助起汉朝的统治。

接下来陆逊笔锋一转，进行自我介绍，这虽然是初次打交道的惯例，然而也不忘记把吹捧加入其中——最近我这个办事不敏捷的人，接受委任来到西面任职；我非常仰慕将军的风采，很想听到您多方面的好好指教。

信件写得不长，但是非常具有针对性。关羽的个性，那是出了名的骄傲自负，陆逊对此早已有深入的了解，所以此前他对吕蒙的秘密建议中，才会对关羽有"羽矜其骁气，凌轹于人，始有大功，意骄志逸"的评价。对于骄傲自负的骁雄，最为合适的"迷幻剂"莫过于大力吹捧。果不其然，关羽看了陆逊的信函，颇有后辈表示谦卑和仰仗自己的意思，高兴之余，防备对方的心理就消失了一大半。心想孙权小儿，怎么派了一个如此不顶事的书生来镇守陆口啊！

关羽把心放下一大半之后，开始把放在后方进行防御的精锐兵力，逐渐调往前线增援。兵力得到增强，关羽便在前线的樊城一带水淹七军，生擒了曹魏大将于禁。消息传来，陆逊马上又加大了"迷幻剂"的施放分量，给关羽送去庆祝大捷的贺信一封，原文如下：

> 于禁等见获，遐迩欣叹。以为将军之勋，足以长世。虽昔晋文城濮之师，淮阴拔赵之略，蔑以尚兹。
>
> 闻徐晃等少骑驻旌，窥望麾葆。操猾虏也，忿不思难；恐潜增众，以逞其心；虽云师老，犹有骁悍。且战捷之后，常苦轻敌；古人杖术，军

胜弥警。愿将军广为方计，以全独克。

　　仆书生疏迟，忝所不堪；喜邻威德，乐自倾

尽；虽未合策，犹可怀也。傥明注仰，有以察之。

比起上面的第一封信来，这封信不仅文字更长了，而且煽情也更起劲了，但是基本的套路依然没有变。

首先照旧是极其热烈的吹捧——听到魏将于禁等人被贵军擒获的消息，远近的人们都喜悦赞叹不已，认为将军您的功勋，足以长留在人世间；即使是从前晋文公的城濮大捷，韩信击败赵国大军的谋略，都不能超过您的丰功伟绩呀！

接下来又加上一段极其热心的提醒——听说魏将徐晃等人又带领少量骑兵前来增援，对将军您的大军进行窥探；那曹操可是一个狡猾的敌人啊，愤恨起来不会考虑后果；恐怕他会悄悄增兵，以求反攻而得逞野心；虽说他的军队已经疲乏，却依旧骁勇强悍；而且在取胜之后，往往会有轻敌之心；古人善于凭借策略，所以在大捷之后会变得更加警惕；但愿将军您广为制定方略计谋，以便独力取得完全彻底的胜利。

最后照旧是极其谦卑的自我表白——我本是一介书生，做事粗浅而迟缓，忝任了我不能胜任的职务；但是我见到邻国的威望德泽总是非常欣喜，所以乐于向您倾吐内心所有的话；虽然这些话不一定合乎将军您的奇谋妙策，依然不妨听一听；倘若将军能够清楚了解我对您的无限景仰之情，或许就会对我的建议有所考虑了。

这封信函有使劲的吹捧，有热情的关心，还有谦卑的自我表白，各种迷幻成分叠加在一起，即便是理智的头脑也难以抵抗，何况关大将军还是一位以高傲自负著称的骁雄。值得注意的是，陆逊的信中，在施放"迷幻剂"的同时，又特别提到了曹操派遣名将徐晃等人，率领兵赶赴樊城增援一事。表面看来这是热情的关心，然而其深层次的用意，却是在催促关羽：赶紧把你留在后方防守的精锐兵力全部调往前线吧，否则后果难料。关羽后方大本营江陵的防守兵力被调走一分，孙吴发动进攻的胜算就会增加一分。素来以深思熟虑著称的陆逊，进行如此这般的盘算岂非小菜一碟。

果不其然，关大将军中招了，而且中得还不轻。

他把后方精锐军队尽数调往前线之后，加之又收容了大量的曹军俘虏，前线的军粮供应立刻紧张起来。他在情急之中，竟然想出一个不是办法的办法：命令后方荆州的留守军队，冲过与孙吴之间的湘水边界，前去抢夺孙吴建在边关的稻米仓库，抢到一大批米粮运往前线。关羽此举的后果，可谓极其糟糕。首先是在政治上，严重破坏了已经变得非常脆弱的战略伙伴关系，使得对方更加坚信刘备方面并非诚信可靠的盟友，不值得与之继续保持友好。更为紧要的是，又在军事上暴露了自己前线大军粮食严重缺乏的最高机密，为对方提供了宝贵的军事情报。

眼看关羽的后方空虚，军粮又严重缺乏，绝佳战机已经出现，陆逊立即向后方的孙权呈送一份详尽的报告，不仅陈述了关羽方面详细的军事情报，而且进一步提出了可以擒获关羽的计划要点。至此，陆逊需要出演的角色，以及相应要完成的任务，三项当中已经成功完成了前面两项，只剩下扮演冲锋陷阵的猛将这最后的角色和任务了。

孙权和吕蒙接到他的报告，对敌情有了全面而深入的掌握，已经倾向于动手开战。就在此时，曹操暗中发来的信函，更是促成了他们下定决心。原来，曹操建议孙权出兵偷袭关羽的后方。既然曹操主动提出建议，那么他就没有理由从其他方向出兵进攻孙吴了。北面边境没有后顾之忧，孙权就可以全力攻打西面的关羽。当时三家之间复杂而诡异的恩怨情仇，由此可见一斑。

这是建安二十四年（219年）的闰十月，孙权在都城建业，向全军发出进取荆州的战斗号令：前军主力兵团由吕蒙统领，乘船溯长江而上，在前面担任主攻；孙权本人则亲自率领战略后备船队，随后进行接应；在陆口的陆逊则整装待发，等候吕蒙的船队从下游到达之后，加入主攻兵团之中，一起担任主攻任务。

这吕蒙也与陆逊一样，是一位心思极其缜密的角色。为了尽量掩盖主力兵团的大规模行动，不让对方的情报人员有所觉察，他在主力船队到达寻阳县（今湖北省武穴市东北）的时候，就提前进行一种特别的伪装。他命令全军伪装成商船船队：武装的将士全都隐藏在船舱的下面；舱面上摇橹掌舵的驾驶人员，一律换上当时商人才穿的白色衣服。到达陆口之后，陆逊的船队也以同样的伪装加入进来，然后昼夜兼程，杀入敌境。

由于陆逊事先的情报侦察工作做得非常到位，所以他和吕蒙对敌方的沿江防御设施了如指掌。每到一处对方在长江边的瞭望哨点，特别行动队就驾驶小舟悄悄上前，将敌方守军全数俘虏扣押，使得对方的军事情报系统，完全变成聋子和瞎子。这一日，全军来到关羽后方的一处军事要塞的城下。此处名叫公安（今湖北省公安县），位于长江南岸之滨，乃是南郡行政中心江陵的重要屏障，堪称是江陵的南大门。

此处的敌方守将叫作士仁，是一个毫无斗志的家伙，他见势不妙，立即举手投降。附带说一下，此人正确的姓名，姓士，名仁，《三国志·杨戏传》中记载得清清楚楚。但是，《资治通鉴》在流传过程中，误加了一个"傅"字；罗贯中《三国演义》又以讹传讹，也变成"傅士仁"，以便谐音"弗是人"，从而对其丑化。

公安陷落，关羽后方的大本营江陵，顿时变成门户洞开之势。此处的守将是谁呢？就是刘备的小舅子糜芳。此人既无德，又无能，竟然被刘备安排来当南郡太守，为关羽镇守荆州后方的大本营。糜芳生怕丢了自己和家眷的小命，也不管对不对得起刘备，同样打开城门投降缴械了。你看这任人唯亲的严重后果，可怕不可怕？附带又再说一句，糜芳的姓氏，史书的正确记载，是糜鹿的"糜"，而演义小说当中则误为糜烂的"糜"了。这是不是故意加以丑化，读者诸君可以自行判断。

兵不血刃就顺利攻占敌方的大本营，在这突然到来的巨大胜利面前，吕蒙和陆逊两位主将，全都没有被冲昏头脑。越容易到手的胜利，同样越容易失去。眼下关羽及其麾下部队依然还在，很有可能掉头撤军，向江陵发起反攻；而西面益州的刘备，也很有能出动大军东下三峡，夺回荆州。要想稳稳保住胜利果实，必须有可靠的措施紧紧跟上。于是，两位心思缜密的主将，在向孙权报告大捷喜讯的同时，立即采取两项极具针对性的正确措施，并且分工各自进行。

　　第一项措施，是在政治上迅速安定江陵的人心，由身体情况不佳的吕蒙就地执行之。吕蒙立即在江陵宣布约法五章，认真树立仁义之师的形象：一是严禁将士干扰居民，不准拿群众一针一线。连他自己的卫士从百姓家中拿走一顶斗笠，也因违反规定而被他斩首；二是关怀抚恤老人之类的弱势群体，有病的免费给医药，饥寒的送衣送粮送温暖；三是关羽储存财物的仓库，全部查封不准乱动，等待孙权前来处置，避免引发将士的抢掠行为；四是慰问关羽及其部下的家属，绝对保障安全，严禁将士骚扰；五是优待关羽派回来了解情况的人员，让他们在城中问候将士的家属，而且可以自由回去，将所见所闻告知在前方的将士。最后两条特别厉害，使得关羽在前线的将士得知家中平安，待遇甚至比以前更好，都不愿与对方决一死战，这样一来士气就全垮了。

　　第二项措施，是在军事上迅速攻占三峡的通道，由年富力强的陆逊再接再厉，建立新功。对于这一措施的重要性，以往讲三国者很少有人提到。而要说清楚这一措施的重要性，又必须先对当时的军事地理形势有所了解。

　　关羽的大本营江陵是南郡的首县，在今湖北省荆州市的荆州区。江陵的正北面，是此时关羽所在的樊城和襄阳，即今湖北省襄阳市的樊城区和襄城区。江陵的东面，是孙吴大军打过来的方向。而江陵的西面，则是通往益州的长江三峡水道。这一重要的水路通道，既能保障从益州方向给予的强大支援，也能保障从荆州通往益州的安全撤退，所以对于大本营江陵而言，这是一条保障生命安全的战略性通道。为了更加有效地控制这一通道，此前刘备方面曾经把这块战略地带，专门从南郡当中划分出来，设立一个宜都郡，派遣郡太守在此驻军把守。

陆逊现今的任务，就是要继续向西进军，打下对方的宜都郡，完全控制三峡通道，既把关羽退回益州的后路彻底截断，也把刘备有可能派来的援军彻底堵住。那么陆逊的表现究竟如何呢？

话说当年的冬季十一月，孙权正式提升陆逊为抚边将军，兼任宜都郡太守，被封为华亭侯，然后派他前去攻打宜都。宜都郡都还没有打下，先就奖赏陆逊一顶郡太守的官帽，这说明什么？说明孙权对他太有信心，先就给你发布一张委任状了；但是又说明，孙权对他下了死命令，又立下一纸军令状。

那陆逊也不含糊，指挥数千人马，直指当时宜都郡的治所夷道县（今湖北省宜都市），吓得对方的郡太守樊友不敢招架，丢下地盘狼狈向西逃窜。下属的各县官员，听说郡长官都拔腿溜了，纷纷举手投降。陆逊以孙权的名义，向他们发放孙吴的官印，要他们继续留任，任务是全力安定当地的民心，保持社会的稳定。他继续乘胜前进，攻占了枝江县（今湖北省枝江市），然后长驱直入三峡，攻占了峡中的军事要塞秭归县（今湖北省秭归县）。大体清除了沿江一线的敌军之后，陆逊这才回过头来，驻守在夷陵县（今湖北省宜昌市），把三峡东端的出口牢牢控制在手中，漂漂亮亮地完成了孙权交给他的任务。

陆逊任务完成之日，就是关羽命运定格之时。

关羽在前线得知后方江陵失守的消息，赶紧从襄阳撤军返回，准备拼死一搏夺回江陵。但是，当他撤退到当阳县境内的麦城（今湖北省当阳市东南）时，发觉反攻已经毫无可能了。因为军队已经完全丧失斗志，将士陆续逃亡，根本无法组织起有效的反攻。更为严重的是，对方的陆逊已经完全控制了三峡的水上通道，后援已经无望，而对方孙权却亲自率领大批后援部队进驻了江陵。

既然反攻无望，只有撤回益州。可是三峡通道又被陆逊堵死，从哪里撤退呢？无可奈何之中，关羽被迫选择一条极其难走的丛山险路。他与儿子关平就地向西，想翻越当时人迹罕至的荆山山脉，奔回益州。当年十二月，在临沮县的章乡（今湖北省远安县东南），父子二人均被孙吴的追兵擒杀。然而就在这一月，吕蒙也因病重而死在公安，年仅42虚岁。同一个月中，交战双方的主帅级名将都离开人世，这也堪称三国交战史上绝无仅有的巧合。

这场鏖战的结果，荆州的七个郡中，除了北部的南阳郡还在曹操之手外，其余的六个郡，全部被孙权纳入囊中，孙吴西部边境也扩张到三峡东口一线。至此，孙、刘两家原来在荆州的利益分配大格局，发生了巨大的改变。但是，两家的恶战并未结束，这种新的大格局能否继续保持，还要看本书的主人公陆逊，接下来能否百尺竿头，作出更好的表现，再立新功，因为刘备很快就要以倾国之兵东出三峡，前来为关羽报仇雪恨。这正是：

关羽荆州身死日，陆郎迎战刘郎时。

要想知道刘备如何倾国东征，陆逊又如何首次出任孙吴全军的主帅，在猇亭使出火烧连营的战法，建立盖世的奇功，请看下文分解。

第五章

书生奇功

陆逊曾经一再自谦是"书生",他对敌方的关羽这样说,对自己的部下也是这样说。指挥千军万马驰骋沙场的名将,却一再放下身段,把自己定位为"书生",这在三国历史舞台上还真是独一份;然而就是这样的一名"书生",偏偏又被君主孙权破格提拔为全军主帅,去迎战连曹操也称之为"天下英雄"的刘备,而且还打得老江湖落荒而逃,建立盖世奇功,这在三国历史舞台上同样也是独一份。

那么陆逊真的是一个既文弱又酸腐的书生吗?请往下看

就知道了。

话说陆逊率军继续镇守三峡东口的夷陵。他的工作重心，可以用两句话来概括，就是"抓紧时间，认真备战"。

刘备必定会兴兵东下复仇，企图重新夺回荆州，这是不言而喻的事。刘备一旦兴兵东下，三峡乃是必经之路，陆逊所镇守的宜都郡一线，就会成为双方激烈交锋的前线战场。要想把这片此前由对方一直控制的区域，改变为自己可靠的根据地，以便到时候能够凭借这一根据地来克敌制胜，陆逊现在就必须对这片区域内所有的敌方残余势力，进行彻底的扫荡和清除。陆逊的备战工作，就在这样的思想方针指导下全力展开。

他首先命令部将李异、谢旌等人，带领三千人马，再度沿着长江两岸，进攻对方卷土重来的两支敌军。李异率领水军，谢旌带领步兵，两路并进，相互配合，采用预先在险要地形处截断敌军的后路，然后再发起正面强攻的战术，一举击溃敌将詹晏等人的队伍，当场生擒了另一名敌将陈凤。接下来，陆逊又对长江北岸的两股敌军发起突袭，打得蜀汉房陵郡太守邓辅、南乡郡太守郭睦大败而逃。扫荡了蜀汉的正规军之后，他又针对当地的地方武装，进行彻底的清剿。在三峡之中的秭归县，支持蜀汉的地方豪强大族文布、邓凯等人，纠合了几千人马，公开抵抗孙吴。陆逊部署谢旌等将领发起强劲打击，文布、邓凯招架不住，前者举手投降，后者临阵脱逃。陆逊在整个扫荡战役中，依然采用当初他"围取山越"时行之有效的方针，以俘获敌方的有生力量为主，尽量避免肉体消灭的手段。据史书记载，他所俘虏、招降的人员，加上斩杀的人数，总计达到数万人之多。敌方的势力大量减少，己方的军队大量增多，这一增一减之间，陆逊就把宜都郡变成了可靠的根据地，为日后建立奇功奠定了坚实的基础。

孙权得知陆逊认真备战的显著成果，不禁大喜过望，立即宣布给予陆逊两项重奖：在爵位上，从华亭侯晋封为娄县侯；在官职上，提升陆逊为右护军、镇西将军。这两项重奖意味着什么呢？

那时异姓功臣的爵位，通常情况下是授予侯爵，按照封地的大小，又分为县侯、乡侯、亭侯等类别。受封者不仅可以得到社会荣誉，而且可以得到实质性的经济收益，即把封地之内民户原本上交给政府的赋税，转归自己所享用。前面说过，陆逊的老家在吴县的华亭，即今上海市松江区的华亭镇。此前封他为华亭侯，这是一种特别的荣耀，含有"荣归故里"用意。现今他被封为娄县侯，娄县的县治在今江苏省昆山市东北。封地从一个亭扩大到一个县，而且娄县又靠近陆逊的家乡吴县，不仅经济效益增大了，而且社会荣誉更是提高了。

然而更加值得注意的方面，还是军事权力上的提升。所谓"右护军"，乃是孙吴新设置的一种官职，与"左护军"一样，都是孙吴全军的协调人。孙权特别授予陆逊这一职务，其深层次的用意，就是在为提拔陆逊担任全军主帅，预先进行必要的铺垫。

最后，孙权还给予陆逊一种特殊的荣耀，让他有一个非常漂亮的出身。关于这一点，我们将在下一章中再来揭秘。

得到重赏的陆逊，再度显现出思虑缜密和纵观全局的特色。他把认真备战的努力方向，不仅从宜都郡扩大到整个荆州全局，而且从军事领域扩大到了政治领域。他为何要这样做呢？

原来，当时荆州的人才群体刚刚归附孙吴，其中不少的人还没有在仕途上得到应有的安置。陆逊对此感到忧虑，因为这会影响到荆州的社会稳定，对于荆州总体的备战颇为不利。于是，他专门向孙权呈上一封表章，陈述自己的建议说："从前汉高祖承受天命为帝，立即招纳邀请优秀不凡的人才；光武皇帝中兴汉室之后，大批杰出人物都来尽忠效力。如果真是能够振兴道义和教化的英贤，他们都会一律欢迎，而不去计较他们究竟出自什么地区。而今荆州刚刚平定，这里的人士在仕途上还不通畅。因此为臣恳切请求，对他们能够普遍施与养育提拔的大恩，让他们一并得到贡献自己力量的机会。这样一来，四海之内的民众就会伸颈仰慕，一心想归附具有盛大教化的吴国了。"

孙权认真考虑后大为赞赏，立即采纳了他的建议。而陆逊在政治上的这番深远见识，也为孙权日后先后任命他担任两项极为重要的行政职务，也就是荆州行政长官以及朝廷丞相，开启了端绪，奠定了基础。

这时的孙权，同样是在认真备战。

首先在军事上，他在把陆逊放到最前线的宜都郡之后，又调派了两员大将，来为陆逊守卫后方。一员胆大志坚的大将叫作朱然，守卫在荆州的中心城市江陵；另一员忠诚可靠的大将叫作诸葛瑾，也就是诸葛亮的大哥，以南郡太守的身份坚守在公安县。江陵和公安，原本都是关羽后方大本营的所在，现今却变成了陆逊的后方大本营。城池依然如昨，可是两员守将的骁勇和忠诚，却远非糜芳、士仁之流可以比得上的。为了减轻曹魏在北面的压力，避免自己陷入两面作战，孙权再度放出绝招，开始向北面的曹魏施放起"迷幻剂"来。

此时，曹操已经患病而死，其子曹丕继位，很快就代汉称帝。孙权不断派遣特使前往曹魏的京城洛阳，向曹丕表示忠诚仰慕之心，同时带上大批南方的珍宝和特产，作为贡品向对方进行"腐蚀"。高兴得昏了头的曹丕，也给了孙权一个"大红包"，宣布封赏他为"吴王"。

就在孙吴方面做好这一切备战工作之后，同样也登基称了帝的刘备，终于前来报仇了。

蜀汉章武元年（221 年）秋七月，刚刚称帝三个月的刘备，亲自率领自己所能动员的最大兵力，组成超过五万人马的大军，号称八万，东下三峡进攻孙吴，要为关羽报仇，重新占领荆州。于是三峡一线的江面之上，战云密布，形势紧张。

第二年，即孙权黄武元年（222 年），考虑成熟的孙权，破格提升年仅 39 岁的陆逊，担纲出任全军的大都督，以主帅的身份，统领朱然、潘璋、宋谦、韩当、徐盛、鲜于丹、孙桓、骆统等一大批骁勇战将，共计五万精兵迎战。但是，陆逊一上任就感到事情很不好办，因为部下不少的实力派将领，完全不服从他的指挥。

大敌当前，这批将领竟然有如此的举动，原因究竟何在呢？

原因，就出在这批将领的思想意识之上。

深究起来，孙吴的将领，按年资的高低可分为三期：孙权父亲孙坚创业时就加入的最早一批，以老将程普为首，相当于后世的黄埔一期；稍后在孙权大哥孙策打回江东时加入的，以大帅哥周瑜为首，相当于黄埔二期；最后在孙权当政时才加入的，就只能相当于黄埔三期了，陆逊就是其中之一。不要以为现今才爱讲究论资排辈，三国时期的人们照样也有这样的思想意识。正是因为如此，所以当初建安十三年（208年）赤壁之战爆发时，在一期当中也属于老资格的程普，才会不服从主帅周瑜的指挥，因为周瑜属于二期，没有他的资格老。此时此刻，不要说二期当中的重将还有吕范、周泰、贺齐等，三期的骁将也有朱然、潘璋等，就连一期当中的元勋，也还有韩当、朱治两位。另外，孙权宗族内部的将领也不可小觑，孙权的族弟孙桓，就是其中出色的代表。在上面这批人眼中看来，论资历，陆逊连第三期也都不是最早的；论关系，陆逊此前还是老孙家的仇人，我们对你就是不服，你休想来指挥我们，看你拿我们咋办？

除了资历以外，还有非常微妙的一点，就是这批将领潜意识中的地域隔阂。孙吴的将领，在一期和二期之中，都以长江以北的江北人氏为多数，二期将领尤其如此，这与孙策

从江北招兵买马起家有密切的关系。最为明显的证据，比如
此前孙吴的三位主帅，从周瑜到鲁肃，再到吕蒙，都是江北
人氏，堪称地域上的清一色。周瑜的家乡是庐江郡舒县，在
今安徽省庐江县；鲁肃的家乡是临淮郡东城县，在今安徽省
定远县；吕蒙的家乡是汝南郡富陂县，在今安徽省阜南县。
从全局来看，孙吴政权有三大支柱力量，即江北人士、江东
土著和孙氏宗族。江北人士大多是在跟随孙策打回江东创业
时跟随而来，而江东土著则多半是在孙权继承权位之后才加
入，所以前者要比后者的资历老。资历上的歧视，再与地域
上的隔阂搅在一起，更加使得他们中的不少人，对陆逊这第
一个江东土著出身的主帅，产生了强烈的排斥心理。于是，
便出现了《三国志·陆逊传》中如实记录的状况：

　　当御备时，诸将军或是孙策时旧将，或公室
贵戚，各自矜持，不相听从。

　　意思是说，正当抵抗刘备大军的关键时刻，陆逊麾下的
诸位将领，有的是孙策时代加入的老部下，有的则是孙氏宗
族的高贵成员，他们各自表现出非常矜持的样子，不肯听从
陆逊这位主帅的指挥。

强敌当前，众将官却不顾国家安危的大局，摆架子，撂挑子，看笑话。如果碰上平庸之辈，要么是束手无策，要么是一怒之下杀鸡吓猴，反而使得矛盾激化，更加难以收拾。在这考验主帅凝聚人心本领如何的时刻，陆逊这位自称是"书生"的角色，会怎么应对呢？

既然是书生，当然就不会缺乏思想文化的软实力。陆大帅的应对之策是三个字，就是现今常说的"讲政治"。他召集全体将领，上了一堂服从命令听指挥的思想教育大课。他端坐在上，手按代表威严军法的宝剑，极其严肃地朗朗说道：

> 刘备，天下知名，曹操所惮；今在境界，此强对也。诸君并荷国恩，当相辑睦，共翦此虏，上报所受；而不相顺，非所谓也。仆虽书生，受命主上。国家所以屈诸君使相承望者，以仆有尺寸可称，能忍辱负重故也。各在其事，岂复得辞。军令有常，不可犯矣。

他这番话虽然简短，但是内涵却非常之丰富，意思有如下四层。

刘备是天下知名的人物，连曹操都很怕他；而今他亲率大军侵入我国，这确实是强劲的对手。——这是在提醒，提醒当前国家面临着重大的危难。

诸君承受主上的厚恩，本应当和睦团结，消灭敌人；现在却不听指挥，这实在是不合道理。——这是在批评，批评你们表现得实在差劲。

我虽然只是一介书生，但却受命于主上；主上之所以委屈诸君受我的指挥，是因为我还有微薄的才能，能够忍辱负重。——这是在告知，告知我是奉命出征的主帅，不是你们可以任意欺负的对象。

诸位必须承担各自的任务，不准借故推辞！军队法令就摆在我这里，绝对不容许有任何违犯！——最后是警示，警示诸将如果继续乱来，定然会受到军法的严厉制裁。

这堂思想教育的大课，以教育为主，合情合理，柔中有刚，既有说服力，又有震慑力。于是，战斗将领之中涣散的人心，开始重新凝聚起来，陆逊这才全力思考和制定眼下的战略方针。

自从两年前，陆逊开始镇守宜都郡时起，他在对这一地区敌对势力进行扫荡清剿的同时，也对沿江的地理形势进行了深入细致的踏勘和观察，从而达到极其熟悉和了解的程度。对军事地理的极其熟悉，再加上对敌情的深入了解，陆逊最终制定的战略方针，可以用十六个字来概括，就是"扩大空间，诱敌深入；拖长时间，伺机制敌"。你的兵力不是非常强大吗？我就要尽量扩大空间，诱敌深入，从而分散你的兵力；你的势头不是正猛吗？我就要尽量拖长时间，逐渐消磨你的势头，然后在我的地盘之内，选择最为合适的地点，等待最为合适的机会，使用最为合适的战术，猛然发动反击，一招就要完全制服你。

这年的七月下旬，刘备大军开始从西面进入长江三峡，先后攻占了孙吴境内的巫县（今重庆市巫山县），以及巫县以东的江防重镇秭归（今湖北省秭归县）。吴军进行一阵抵抗之后，开始有计划地向后撤退。刘备进驻秭归，下令停止前进，原因主要有三条：首先，他要在此等候全部军队的到达。其次，他要等待派出的谍报人员，把敌方沿途的军事部署打探清楚。第三，他还需要时间来争取外部的援助。由于沿江一带已经被陆逊进行了有效的扫荡清剿，所以只有舍近求远，派人前往长江以南的武陵郡，即今湖南省湘西的沅水流域，去寻求外援。当时的沅水流域有大量骁勇善战的少数族，所以刘备派侍中马良为特使，翻山越岭，前往武陵郡向当地少数族首领沙摩柯求援。

转眼到了第二年。章武二年（222年）二月，刘备认为时机已到，下达了大举进攻的动员令。他采取水陆兵马三路并进的阵势：居中的是水军战船，由水军主将吴班、陈式统领；在长江北岸的各路步军，由将军黄权统领，防备北方曹军的南下偷袭，同时扫荡长江北岸，保护主力的侧翼；至于刘备自己，则和南岸的步兵机动部队一起进发。

二月底，刘备指挥大军冲出三峡的东口，开始进入平坦的江汉平原。而孙吴打造在三峡东口的军事重镇，是位于北岸边的夷陵县（今湖北省宜昌市）。于是，双方主力的第一场遭遇战，就在夷陵城下的长江边展开。

刘备以两岸的步兵作为策应和掩护，由居中的水军充当主力，利用平缓的江岸，顺利靠岸登陆后对吴军的城池发起强攻。陆逊指挥吴军进行短暂的对抗之后，按照既定的作战方针，主动放弃了夷陵城，向东面自身的腹地转移。但是，当蜀军继续沿长江向前推进时，却遭到吴军极其猛烈的阻击。为了保护好后方的补给通道，蜀军被迫在沿江一线，修建了好几十处连片的军事营寨，并且不断留下相当可观的兵力来进行守卫，从而形成了《三国志·文帝纪》中所说的"树栅连营七百余里"，这样一种非常容易遭受对方攻击的不利态势。

话说陆逊果断放弃夷陵，一面强力阻击敌军，一面率领主力向下游转移。眼看对方的兵力已经出现严重的分散，而斗志也逐渐被消磨下来之后，他在一处自己早就已经选好的决战之地，命令全军站住脚不走了。这一处决定双方胜负的关键性战场，就是后来著名的猇亭。那么陆逊为何要将这夷陵县下属的小小猇亭，选定为决战之地呢？

打赢战争，必须熟悉地理；讲述战争，同样必须紧扣地理，否则就难以点中要害。猇亭古战场的遗址，现今依然存在，在今湖北省宜昌市猇亭区长江北岸的虎牙山，距离西面的三峡东口 60～70 华里。据笔者多次实地考察，发现此处的地形地貌非常之独特，陆逊选择在此决战可谓大有玄机。

玄机在哪里呢？

玄机，藏在江岸之上。此处虽然属于江汉平原的大范围，但是小范围内的地形却很特殊，两岸都有连片的险峰山岚。北岸的虎牙山，与南岸的荆门山，形成隔江对峙的险要形势。特别是北岸猇亭所在的虎牙山一带，岗峦起伏，沟壑纵横，大部队在此难以迅速行动和及时疏散，如果在此进行连片性的安营扎寨，将有遭遇火攻的巨大隐患。

玄机，更藏在江岸之下。具体说来有二。

首先，此处的江岸，都是极其陡峭坚硬的石质山岩，与上游江段平缓柔软的沙滩江岸，形成鲜明的对比。如果乘船从江面上进行观察，北岸虎牙山的整体性巨大山岩，犹如城墙一般笔直向下插入江流，相对高度达到 100 米左右，而且沿江绵延大约有 3 华里之遥。巨大山岩呈现棕红色，间杂有白色的斑纹，如同老虎的牙齿，故而得名"虎牙山"。笔者在实地考察中，曾经沿着后世开凿的陡峭人工梯级，小心翼翼从岸上往下，到水面乘坐摩托艇到江面观察。在往下的途中，发现自己的脚底，几乎要触碰到下面那一位的头顶，胆小者根本不敢下去。

其次，此处长江的江面宽度，又急剧收窄至 700 米左右，大约只有上游江面最宽处的二分之一。所以现今宜昌市的长江公路大桥，就选址在这里架设。由于江面突然急剧收窄，导致此处的江流非常之湍急汹涌。加之以往的虎牙山下，还有与江岸岩石属于同一地质结构的大片礁石群，形成著名的千年险滩，名为"虎牙滩"，不仅水流湍急，而且暗礁丛生，对往来舟船构成极大的威胁。北魏著名地理学家郦道元的《水经注》，对此就有如下描述：

> 江水又东径荆门、虎牙之间。荆门在南，上合下开，其状似门；虎牙在北，石壁色红，间有白文类牙，故以名也。此二山，楚之西塞也，水

势急峻。

大意是说，长江的水流，又向东流过荆门山、虎牙山之间。荆门山在南岸，虎牙山在北岸；这两处山峦，是荆楚之地的西方边塞，长江的水势非常湍急险峻。

20 世纪，国家彻底整治长江的航道，虎牙滩的礁石群被爆破清除，航道的安全才得以保证。

明白了猇亭以上的地理特点，陆逊选定此处作为决战之地的意图，就相当清楚了：由于江岸高峻陡峭，江流又湍急汹涌，暗礁密布，所以刘备的水军主力完全无法在此停船登岸，而岸上的策应步兵在此也不能顺利下行到江边上船。换言之，船上水军与岸上步兵之间的密切呼应和紧密联系，在此处以上相对平缓柔软的沙滩江段，非常容易建立和形成，而一旦到了这里，就完全被阻断而无法做到了。因此，陆逊在这里立脚扎营，就会把对方原来那种水陆三路相互策应支持的强大阵势，彻底打破和消解，从而逼迫对方只能采用单一的兵种，也就是步兵，在北岸之上那种很容易遭受火攻的不利地域，来与自己进行决战，到时候事情不是就好办了吗？

陆逊精心选定猇亭作为巅峰对决之地后，就集中全部力量，在此堵住对方的去路，坚决不再后退半步。此前，他已经做到了十六字战略方针的前面一半，即"扩大空间，诱敌深入"。现在该来做后面一半，即"拖长时间，伺机制敌"了。那么这后面一半的实施过程，他做得顺当和轻松吗？

老实说，陆大帅同样做得很不顺当，很不轻松，因为他竟然面临着三个方面的巨大压力，压力来自哪里呢？

压力，首先来自对手刘备。在猇亭受阻而前进不得，水陆并进的阵势又被打乱，刘备立即对表现不佳的指挥系统加以改组，重新进行部署。前线总指挥改由冯习担任，称为"大督"。先锋官两名：张南、吴班。上面说了，吴班原来是水军的主将，现今却被降格为步兵的第二先锋，这就证明：刘备已经将原来的三路水陆大军，改组为纯粹的一路步兵，集中在猇亭的岸上来作战。重组完毕，刘备开始频频发起挑战。但是，任你刘备的将士在吴军的营前千般怒吼，万般辱骂，陆逊凭借有利地形，顶住高压，就是不出兵和你交手。于是，双方各自拥有的四五万精锐主力，在此一僵持，就从春天僵持到了炎夏六月间。

压力，还来自下属的部下。《三国志·陆逊传》正文以及裴松之注引《吴书》等都记载，当初陆逊主动放弃三峡东口的夷陵要塞，就曾经引起众将官的不满，认为他胆量小，骨头软，害怕刘备，说是"诸将并欲迎击备，逊以为不可。诸将不解，以为逊畏之，各怀愤恨"。现今虽然不后退了，却又在猇亭只守不攻，好比是缩头乌龟一般，众将官更加牢骚不断："攻备当在初。今乃令入五六百里，相衔持经七八月，其诸要害皆已固守：击之必无利矣！"进攻刘备应当在当初就该动手，现今让他进入我们的地盘五六百里，相持长达七八个月，他把要害都牢固守护住了，这个仗还怎么打？

陆大帅的对策，依然是以思想教育为主，进行耐心解释和正面鼓励，他说："备是猾虏，更尝事多；其军始集，思虑精专，未可干也。今住已久，不得我便；兵疲意沮，计不复生。掎角此寇，正在今日！"意思是说，刘备是一个狡猾的家伙，经验非常丰富；他的军队刚开始进攻时，思虑精细专注，所以不能打他；现今他们停留已久，没有占到我方的便宜，将士疲劳军心沮丧，想不出对付我们的计策，所以制服对手，好时机就在今天。不过，究竟自己会用什么绝招来制服刘备，陆逊并没有提前给部下透露。

压力，最后还来自上司孙权。虽然孙权使用主帅一向很放手，并不干涉具体指挥，但是此战非同小可，加之众将官又不断在向孙权打小报告发泄不满，孙权不得不出面来问陆逊，这大半年来的战况如何。孙权一过问，陆逊当然就有压力，也不得不对战况作出如实报告和详细解释。其中的关键文字，《陆逊传》也有记录："臣初嫌之水陆俱进，今反舍船就步，处处结营。伏愿至尊高枕，不以为念也。"意思是说，当初微臣还担心刘备水陆并进的阵势，现今逼得他已经舍弃舟船上岸作战，又处处建立连片的营寨；希望主公您高枕无忧，不要挂念担心了。言外之意，就是保证给您完成战胜刘备的任务，交上一份漂亮的答卷。

陆逊不愧是思考缜密、信心坚定的主帅级名将，他顶住难以想象的多方面压力，坚持既定战略方针毫不动摇。那么他能够等来击败对手的机会吗？他又会用什么样的绝招，去制服刘备这个强劲的对手呢？

绝招只有两个字，火攻。

在冷兵器时代，火攻是一种极具威力的进攻战术。三国的火攻战术，与此前的东汉时期相比，不仅出现更频繁，而且花样更翻新，堪称克敌制胜的法宝。奠定三国鼎立的三大战役：官渡之战，是曹操焚烧对方袁绍的粮草；赤壁之战，是周瑜焚烧对方曹操的战船；眼下的猇亭之战，陆逊要用火攻去焚烧对方刘备的连片军营；可以说，是三把火烧出来的一个鼎立三国！

你会问了，刘备不是战场上的老江湖吗？年轻后生陆逊在他面前班门弄斧玩火攻，他怎么就没有防备呢？原因，主要有两条：一是62岁的他，大大低估了陆逊这个40岁晚辈的用兵本事，过于轻敌了。曹操轻敌，都会败在周瑜的手下，还用说刘备？二是他的大脑，经过整整一年的超负荷运转，从上一年出兵的七月，到现今僵持不下的闰六月，开始出现空白了。年轻人这样玩命也伤不起，甚至会猝死在工作室里的电脑前面，还用说年过花甲的他？太轻视对手，超负荷玩命，任何一条都会坏事，还用说两条叠加在一起？教训，实在深刻得很啊！

这一年的闰六月，骄阳似火，热气蒸腾。在外风餐露宿已经整整一年的蜀军将士，早就是疲惫懈怠，士气低落。陆逊眼见绝佳"火候"已到，命令全军将士每人带上一大把干燥茅草，奋力冲到敌营之后，先放火烧营，再交手杀敌。结果一举成功，当场烧毁敌军大营四十多座，斩杀对方前线总指挥冯习、先锋官张南、少数族首领沙摩柯等人。刘备趁天黑拼命杀出重围，狼狈向西不停奔逃五百多里，在江边崎岖山路上还叫人抬上自己，一直跑到自己地盘之内的鱼复县白帝城（今重庆市奉节县白帝山），才算侥幸逃脱了性命。这一战，刘备的人马，几乎损失得干干净净，无数的舟船、兵器、粮食、物资，全部丢弃无余，《三国志·陆逊传》的形容是

"水步军资，一时略尽；尸骸漂流，塞江而下"，景象真可谓是惨不忍睹了！

陆逊用自己的辉煌胜利，告诉后世正在拼搏的人们：任何表面上看起来实力非常强劲的对手，总会有他致命的软肋；冷静观察，找到对手的致命软肋；周密思考，细致策划，制定出针对软肋的方案；然后顶住各种压力，排除一切干扰，坚定加以实施之，就完全有可能以弱胜强，获得最后的胜利。到了这时，"姜还是老的辣"这句话就不灵了，应当是"自古英雄出少年"！这正是：

且看书生高品质，赢来三国大奇功。

要想知道猇亭一战有何重大的影响，陆逊战后又有何表现，请看下文分解。

第六章

光环之下

　　猇亭之战的巨大胜利，自然会给陆逊头上戴上耀眼的光环。

　　先来看孙权对他此番的出色贡献是如何定性的吧。孙权曾经当面对陆逊进行评价说："公瑾雄烈，胆略兼人，遂破孟德，开拓荆州：邈焉难继，君今继之。"意思是说，周公瑾雄伟壮烈，胆量谋略比常人要强过一倍，所以能够在赤壁之战中击破曹孟德，开拓我们在荆州的疆土；他的丰功伟业之高后人难以继续，但是你现今却能够继续他的丰功伟业了。

总之，在孙权看来，陆逊乃是周瑜的出色接班者。由于周瑜也是陆逊的岳姨父，所以孙权的这一评价就有更深的含义。

孙权评价陆逊是周瑜的出色接班者，他只给出了一个"者"。如果深入划分，我们还可以给出四个"者"来。哪四个"者"呢？

一是从版图的格局上看，三国鼎立局面的最后形成，起决定性作用的重大战役有三，而猇亭之战正是其中之一。建安五年（200年）的官渡之战，决定是由谁来控制北方，结果曹操击败袁绍，成为控制北方的胜利者。建安十三年（208年）的赤壁之战，决定曹操的势力能否进入南方，结果周瑜击败了曹操，使得孙权与刘备成为主导南方的两大胜利者。最后就是建安二十四年（219年）的猇亭之战，决定孙、刘两家相对稳定的疆域线究竟是在何处，结果陆逊击败刘备，从而将双方的疆域线，从并不稳定的湘水一线，向西移动到相对稳定的三峡一线。至此，三分鼎立的局面最后形成，此后虽然三方依旧不断有战争出现，但是版图的基本格局就没有太大的变化了。因此可以说，陆逊是三国鼎立局面的最后确立者——这是第一个"者"。

二是从孙吴的政治上看，猇亭之战对刘备造成了致命的打击，大半年后他就病死在白帝城的行宫。但是对孙权而言，这是天大的好事，因为西面的威胁和压力从此基本解除。既然西线无忧，对北面的曹丕就不必再那么卑躬屈膝了。于是在四个月后的当年十月，孙权就宣布建立"黄武"的年号，完全独立自主，当起吴国名副其实的王爷来。以此为标志，孙吴的政治从此从而上升到了一个独立自主的新阶段。因此可以说，陆逊又是孙吴政治发展新阶段的奠基者——这是第二个"者"。

三是从整体的用兵艺术上看，以"书生"自谦的陆逊，在整整一年当中，运用坚强的精神，非凡的才能，取得辉煌的战果，证明自己无愧于孙吴主帅级名将的荣誉。他的猇亭之战，堪称与周瑜的赤壁之战有异曲同工之妙，而且战果也有惊人的三点相似：一是兵力对比上，弱者战胜了强者；二是态势对比上，应战者打败了挑战者；三是年龄对比上，后生制服了前辈，四十岁的陆逊战胜了六十二岁的刘备，而三十四岁的周瑜战胜了五十四岁的曹操。正因为如此，所以战后的刘备才会气得长叹说："吾乃为逊所折辱，岂非天邪！"我竟然被陆逊这个娃娃所凌辱，岂不是天意呀！从这一角度上说，陆逊又完全称得上是周瑜高超用兵艺术的出色续写者——这是第三个"者"。

四是从具体的进攻战术上看，如上所说，三国的火攻战术，与此前的东汉相比，操作更频繁，花样更翻新，曹操是烧粮草，周瑜是烧战船，而陆逊是烧营寨。所以从火攻所针对的标的物来说，陆逊应当是三国火攻战术的又一个创新者——这是第四个"者"。

建立了如此出色的赫赫战功，享有了如此众多的亮丽光环，放在一般人的身上，多多少少都会有一点点头脑发晕，甚至是趾高气扬。但是陆逊完全不然，依旧谦逊，平静如常，正如他大名"逊"字所形容的那样。何以见得？请看具体事实。

上文已经说过，当初他就任全军主帅时，麾下的诸位将领，有的是孙策时代加入的老部下，有的则是孙氏宗族的高贵成员，他们不顾国家的大局，反而摆架子，撂挑子，不肯听从陆逊的指挥，一心要看他的笑话。到了陆逊打了大胜仗之后，孙权专门向他询问了这件事情的前后经过，然后对他说："您在当初时，为何不直接向我告发他们的不法行为呀？"

显而易见，对于陆逊而言，这是一个借助自己已经建立的丰功伟绩，从而有资本向那批骄横将领好好报复一番的大好机会。可是，他并没有这样做，因为他的胸怀没有这样狭隘，眼光也没有这样短浅。他诚诚恳恳地回答孙权说："微臣深受主公的大恩，承担了主帅的重任，这原本就超过了微臣自身的才能，所以他们才会有这样的表现。而他们当中，有的是主公您信任的心腹下属，有的是得力的作战将领，有的还是国家的功臣，都是应当跟随主公您共同建立宏伟事业的重要人物。微臣虽然才能低下、性格怯懦，却非常仰慕古人能够相互尊重的高尚行为，就像蔺相如与廉颇之间那样团结一心，这样才能最终成就国家的大事呀。"

听了陆逊这番深明大义的话，孙权不禁大笑，鼓掌称赞说："建立丰功伟绩不容易，建立丰功伟绩之后还能如此谦逊待人，更是不容易啊！"孙权决心要给予陆逊大大的奖赏，不单是奖赏他的功劳，更是奖赏他建立功劳之后的态度。于是乎，孙权一连给陆逊发了三个"大红包"。

第一个"大红包"，是提升陆逊的军阶，晋升为辅国将军。这个"辅国将军"名称的含义，是能够辅佐国家的非凡将领，这用在陆逊身上真是再妥帖不过了。

第二个"大红包"，是改封陆逊的爵位为"江陵侯"，也就是把江陵县作为陆逊的封地。上面说过，在袭杀关羽攻占荆州之后，孙权曾经晋升陆逊的爵位为娄县侯，也就是封地在娄县的侯爵，以示荣耀。而当时的娄县，在今江苏省昆山市东北，距离当时陆逊镇守的驻地夷陵县，也就是现今湖北省宜昌市，不免太遥远了，所以有必要加以调整。而江陵县在今湖北省荆州市的荆州区，距离陆逊的驻地非常近便。把这里改为陆逊的封地，就可以使他能够就近享用社会荣誉和经济收益，这也是一种特别显示恩宠的奖赏了。

第三个"大红包"，则是另外加给陆逊一个非常重要的行政职务，就是兼任孙吴的荆州牧。前面说过，东汉的荆州下辖七个郡，是一个地域广阔而人口繁盛的大州。经过赤壁之战、猇亭之战的两次生死大较量之后，七个郡中，除了最北面的南阳郡，基本上还在曹魏手中之外，其余的六个郡，大致都纳入孙吴的囊中。孙吴在这六个郡之上，设置了自己的荆州。由于这荆州六郡的面积同样非常广大，堪称是孙吴的半壁江山。如今，孙权不仅在军队的军阶上提升了陆逊，而且还把这半壁江山荆州的行政权力交到了陆逊的手上，他对陆逊的器重和信任，由此可见一斑。

从《三国志·陆逊传》所记载的实际情况看，陆逊兼任荆州牧一职，是从黄武元年（222年）这一年下达任命开始，一直到孙权赤乌七年（244年）他去世为止，竟然长达23年之久；即使在他升任朝廷丞相职务之后，依然兼任上游荆州的地方行政长官，这样一种特殊情况，在整个三国史当中也属罕见。因此，回头再来想想孙权把陆逊的封地改在荆州首府江陵县一事，就不单单具有给予恩宠的用意，更还有让陆逊长期在荆州镇守半壁江山的深远政治考虑了。

在上一章中曾经说道，两年前在袭杀关羽攻占荆州之后，孙权还给予陆逊一种特殊的荣耀，让他有一个非常漂亮的出身。这种特殊荣耀究竟是什么，上文并没有交代。现今说到这里，就可以来把答案揭晓出来了。

原来，当时孙权曾经要求担任扬州牧一职的大臣吕范，出面举荐陆逊为扬州的茂才，并且任命陆逊为扬州府署的下属，从而给予陆逊一个极其漂亮的出身。对于这一项举措，必须做一点解释，才能弄清楚孙权的良苦用心。

两汉的人才选拔制度，西汉时以秀才、孝廉为主要科目。所谓"秀才"，是由各州的行政长官，在本州的人才中，每年举荐一人，以才能优秀为标准，故有"秀才"的得名。到了东汉，为了回避光武帝刘秀的名讳，"秀才"又改称"茂才"，但选拔方式和标准依然不变。至于"孝廉"，是由各郡的行政长官，在本郡的人才中，按照每二十万人口举荐一人的比例来进行，以品德的孝顺廉洁为标准，故有"孝廉"的得名。

东汉时全国只有十三州，下辖一百多个郡，后期的全国在册人口将近五千万。按照上述的比例计算，茂才每年推选的总数，仅仅只有十三人；而孝廉每年推选的总数，将有二百五十人之多。因此，能够被家乡所在的州推举为茂才，在当时被视为非常难得的荣耀。

陆逊的家乡是在吴郡的吴县，在当时属于扬州管辖。而他此前，并没有在扬州入选过茂才，不免是一种巨大的遗憾。为了替他弥补这一遗憾，所以孙权才会吩咐当时担任扬州牧的吕范，特别把"茂才"的称号，补授给已经是高官大员的陆逊，使得陆逊在履历上具有一个漂漂亮亮的出身。用现今的事例来打比方，就好比是一些已经出了名的社会人物，虽然在其实际的学历中并未得到过博士学位，然而有的顶级大学，依然会补授给"荣誉博士"的称号一般。

既然补授了荣誉性的称号，为何孙权还要吕范任命陆逊为下属呢？

在当时，州、郡、县三级的行政长官，都可以在地方政府中，自行任命下属的官员，而且照例是从本地的人才中选拔任命。由于是在家乡的所在地担任公职，在亲戚朋友面前很有光彩，所以这也是一种令人羡慕的荣耀。

作为江东高门名家代表人物的陆逊，两年之前，是从扬州牧吕范手中，得到了"茂才"和州政府下属这两项荣誉出身；两年之后，更是直接从孙权手中，得到了兼任荆州牧的重要职务。以这种快速上升为标志，江东土著高门名家在孙吴政权中的势力发展，开始进入一个兴盛阶段。

头上的光环是如此亮丽，得到的奖赏是如此巨大，那么此时此刻的陆逊，又会有什么样的表现呢？他谦逊如常，平静如常，依旧显现出思虑缜密和纵观全局的特色。

最有说服力的证据，是他对军事形势的明智判断。

刘备狼狈退回三峡西口的白帝城之后，不仅精锐主力丧失殆尽，而且本人也在此地卧病不起。吴军曾经在他后面乘胜追击，前锋部队的李异、刘阿等将领，沿长江而上，追过了巫县（今重庆市巫山县），一直逼近刘备所在的白帝城，然后屯兵在白帝城对岸的南山一带。于是，在此处的长江两岸，出现两国军队隔江对峙之势：南岸的吴军好比是猎人一般，时刻窥视着北岸的猎物，也就是日渐虚弱的蜀汉皇帝刘备。无奈之下，刘备被迫主动派出使者，前往孙吴方面呈送书信，请求双方议和罢兵，以便争取宝贵的时间，让后方的援军能够赶来救驾。

面对这种极为有利的军事形势，究竟该不该继续指挥全军快速进入三峡，前去活捉对方的君主刘备，陆逊在夷陵的总指挥部进行了长时间的冷静思考。而他此时眼睛紧紧盯着的，其实已经不是西边的刘备，而是北边的曹丕。

原因很简单，因为军事形势已经完全变了。

　　早在两年之前，领土范围还局限在长江下游的孙吴，在向西边进攻关羽夺占荆州之前，为了避免遭到北方曹魏的趁火打劫，从而陷入两面受敌的危险局面，就主动放下身段，去向曹魏献忠心，表诚意，施放出一阵又一阵称臣纳贡的"迷幻剂"来。而正忙于代汉称帝建立曹魏皇朝的魏文帝曹丕，也欣然接受了孙权送来的"迷幻剂"，而且陶醉其中好一阵子，甚至还奉送了孙权一个"吴王"的封号作为奖赏。就在北面完全没有严重威胁的这两年间，孙吴不仅成功袭杀了关羽，攻占了荆州，而且又将前来复仇的刘备打得大败亏输，将领土范围稳固地扩张到了长江中游的三峡东口，也就是陆逊所镇守的夷陵一带。

　　由于领土面积的成倍扩大，直接面对曹魏的北部边界，其长度也随之成倍增长，已经长达三千里以上。于是，如何有效防守这漫长的北部边界，对于身为吴军主帅的陆逊而言，就是必须首先要考虑的第一要务。目前最要紧的问题，是要摸清楚现今的曹魏，对于领土急剧扩张之后的孙吴，其反应和举措究竟如何。

　　派遣间谍潜入对方境内，从而获取种种有用的情报，这在历史上早已有之。就连"间谍"这一词汇，早在司马迁的《史记》中就已出现，陈寿《三国志》也是如此。陆逊现今处于深思之中，就是在等待从北方传来的准确信息。

令他不安的准确情报果然传来，说是对方境内开始出现大规模的兵力调动，而且指向南方，对方声称这是要到南面来帮助孙吴，以便继续进攻强敌刘备。陆逊心中明白，如果自己继续挥兵向西，前去进攻刘备，曹魏就会从北面乘虚而入，直接强攻自己的后方，螳螂在前而黄雀在后的悲剧就会重演。

但是，恰恰就在这时，孙权的一封急件送到了他的手上。

原来，随同陆逊驻守在夷陵的孙吴将领中，有一批作战骁勇的将领，比如徐盛、潘璋、宋谦等，急于邀功取赏，于是各自私下抢先向孙权送上表章，请求直接派遣自己领兵进入三峡，必定会活捉刘备，完美结束这场大战的较量。孙权看了也不禁有些心动，心想把过去的这位妹夫，变成俘虏弄回江东来见见面，岂不是大吴武功的一种最好展示吗？于是就写信给陆逊，询问他的意见如何？

虽然明知主公孙权的询问，实际上是带有倾向性的，如果随声附和，自然会得到主公的欢心，但是陆逊依然坚持以大局为重，理智对待，实话实说。不过，为了增强说服力，他又联合了两位赞同自己意见的重量级将领，一同向孙权报告他们的考虑。这两位将领，一位是朱然，另一位是骆统。

两人不仅作战英勇，见识超人，忠于国事，而且深受孙权的信任和器重。《三国志·朱然传》中就有如下档案记录："自创业功臣疾病，权意之所钟，吕蒙、凌统最重，然其次矣。"说是在得了疾病的创业功臣之中，孙权最为关注的人，吕蒙、凌统要算头一等，其次就要数朱然了。

当下三位大将联名向孙权如实报告说：目前最值得警惕的，乃是北方的曹魏，他们正在大举征调精锐兵力，表面上声称是要前来帮助我们讨伐刘备，实际上却暗藏着袭击我们后方的奸诈阴谋；所以我们共同商议的结果，决定在眼下立即将主力部队从西面向后撤退，从而保护好后方不受敌人侵犯。

事情的发展，果然不出陆逊所料。就在他们的报告送达孙权之时，曹魏的大举进攻即将全面开始了。

这一年的九月，魏文帝曹丕派遣两名特使前往孙吴，要求与孙权重新订立君臣之间的誓约，然后带回孙权的太子孙登，到曹魏作为人质，以保证孙吴对曹魏的绝对忠诚。孙权一见曹丕此番不再接受自己的甜言蜜语，而是下定决心要来真的，他也就不再伪装，断然拒绝两名特使入境。曹丕得报，立即下令出动三路大军进攻孙吴。其中，在长江下游发动钳形攻势，目标指向孙吴核心地区，也就是江东一带的有两路：

曹休、张辽、臧霸三将，从九江郡历阳县的洞口（今安徽省和县南）方向，指向江东；曹仁从庐江郡的濡须水（今安徽省含山县西南）方向，也指向江东。另外，在长江中游，曹真、夏侯尚、张郃、徐晃四将，则向南郡方向发起进攻，**魏文帝曹丕亲自在后面的宛县（今河南省南阳市）督战。**这是曹丕代汉称帝以来，曹魏方面第一次向南方孙吴发动如此大规模的全面攻势。顿时，长江沿线烽烟四起，孙吴漫长的北部边境面临新的严峻考验。

当年十月，孙权正式宣布开始使用自己的"黄武"年号，从而在政治上完全与曹魏脱离臣属关系，独立自主。与此同时，动员全国兵力，应对曹魏的全面进攻。

幸好此时的陆逊，已经把孙吴的精锐主力及早从西面撤回，所以孙吴方面才有充足的精兵强将，分布在各处军事要塞稳固防守。比如上面提到的朱然、潘璋二将，就在南郡的首府江陵，凭借坚固城池顽强抗击曹军，最后成功挫败曹军的攻势。而上面提到的徐盛，则被调往下游的洞口，去抵御敌方大将曹休，并且以少胜多，迫使对方撤退。

就在这双方激战正酣之时，在白帝城养病的刘备，得知消息后也来凑热闹。他给陆逊送来一封信，信上的文字很短，意味却相当深长："贼今已在江陵，吾将复东，将军谓其能然不?"什么意思呢? 曹贼的大军现今已经抵达江陵城下，我也准备再次挥兵东下，将军您说我能够做到还是做不到呢? 言下之意是，好机会来了，我想对你趁火打劫了，你害怕不害怕啊!

陆逊看了心想，你会写，难道我这个"书生"还不会写吗? 当下也不客气，立马回信一封，文字同样很短，意味也同样深长：

> 但恐军新破，疮痍未复，始求通亲，且当自补，未暇穷兵耳。若不惟算，欲复以倾覆之余，远送以来者，无所逃命。

意思是说，就只怕你刚刚吃了大败仗，身上的伤口还没有平复，正开始与我方沟通求和，谋求自我修补，没有空闲时间再来穷兵黩武啊；如果你不好好考虑计算，硬要把手下那点残兵败将，远远送来的话，那就没有一个能够逃命回去的呀!

不消说，陆逊这番话说得很有底气。然而底气从何而来? 如果事先不能做到思虑缜密和纵观全局，能有如此充足的底气吗?

当然，刘备这时也就是说说而已，并未付诸行动。不单是没有能力，而且也因为军事上的局势变化得太快：在孙吴方面早有准备的顽强抗击之下，曹魏方面的全面攻势，并未取得明显的进展，相反却迅速变成强弩之末。到了第二年春天，曹魏军队开始陆续撤回。北面的曹魏都退出了表演，西面的刘备哪里还有登台表演的机会呢？这正是：

互送文书拼嘴劲，陆郎未必逊刘郎。

要想知道接下来的陆逊，还会在转头对付北面曹魏的战争中，建立什么样的辉煌奇功，请看下文分解。

第七章

石亭扬威

变化总是来得太快，不是只有孙吴与曹魏之间的军事形势，还有孙吴与蜀汉之间的政治关系。

那是在刘备与陆逊在书信上较量的半年之后，也就是黄武二年（223年）四月，刘备在白帝城病逝。遗体由丞相诸葛亮护送回成都安葬，十七岁的后主刘禅继位，由诸葛亮执掌蜀汉的国政。诸葛亮采取重新与孙吴结成战略伙伴关系的外交方针，而孙吴方面也需要彻底稳定西方，从而能够专力对付北方的强敌曹魏。至此，云雨高台、气象萧森的三峡，又从血火纷飞的战争前线，变成了双方友好使者络绎不绝的和平通道。而在三峡东口夷陵镇守的陆逊，也随着形势的变化开始华丽转身，变成了双方友谊的见证者和建立者。

按照孙权的指令，陆逊承担了两大重要的任务：

一是充当孙权的外交代言人。孙权刻了一方自己的印章，派遣专人送到陆逊那里保管。凡是陆逊认为有什么问题，急切需要与诸葛亮沟通解决，但又来不及向下游的孙权请示报告的时候，可以直接使用孙权的名义，撰写公文，加盖孙权留下的那方印章，然后发送给诸葛亮。

二是充当孙权的公文修改人。孙权每当有外交公文，发送给西边蜀汉的皇帝刘禅或者丞相诸葛亮的时候，他都要求携带文书的外交特使，在陆逊所在的夷陵暂时停留，并且把文书交给陆逊过目。要他看看措辞的轻重是否得当，意见的表述是否有不妥之处。如有问题，陆逊可以自行加以修改，然后使用孙权的印章加封之后，交付特使送到蜀汉。

就在这种和平愉悦的气氛中，黄武三年（224年），四十二岁的陆逊，终于迎来了他嫡室孙夫人所生的第二个儿子，也就是孙权的外甥孙。此前陆逊曾有一个长子，名叫陆延，可惜很早就夭折去世。如今人到中年，再度迎来能够传宗接代的贵子，自然欣喜无量。而从陆逊给这个宝贝儿子的取名定字上，也可以窥知他的人生观和价值观。儿子的大名叫作"抗"，表字"幼节"。这里的"抗"，准确含义是表现；而"幼节"的含义，则是从幼年就具备的节操。两者相结合，就是期望儿子能够从幼年开始，就能够表现出优良的节操来。陆逊对儿子教育的重视，对培养节操的重视，从中可见一斑。当然，后来的陆抗，也完全没有辜负他的一片苦心，这些故事将留到下面再来介绍。

在见证和建立吴、蜀两方友谊关系的同时，念念不忘为国分忧的陆逊，也把关注的目光投向孙吴的内政方面。他在外部战争有所减少的有利环境下，在内政上连续向孙权进献了多项有益的建议。

首先在经济上，倡导驻守各地的军队实行屯田。陆逊得知因为此前大战不断，农业生产受到严重影响，造成各地粮食歉收和缺乏的窘困状况。他立即向孙权呈送表章，请求下令各地驻军，主动参与农业生产，大力扩大播种面积。孙权看了表章十分称赞，说是"甚善"，也就是好得很，不仅批示各军照办，而且还回信给陆逊，说自己也要亲自作出表率，与儿子们一同分取地块，使用驾车的牛来耕种土地，收获粮食。于是，一场以驻屯军队为主体的农耕生产大运动，就在孙吴境内各地展开。

其次，他又在政治上对孙权提出多项建议。一是对民众多施温暖的德泽，少用严厉的刑法，使民众得以休养生息。二是减轻民众的负担，尽量降低赋税，减少征兵。三是多听重要臣僚的意见，避免受到身边侍从人员的蒙蔽。对于这些多少有点逆耳的忠言，孙权在作出解释的同时，也能基本上加以采纳。他专门下达指令：要求相关部门，将现今施行的法律法规加以汇总，抄写成多份副本，由特派的专使，带往上游的荆州，分别呈交给在荆州镇守的重要大臣，包括陆逊、诸葛瑾等，要他们一一过目，然后提出自己的修改意见。总体来说，这方面的多项建议，也取得了正面的积极效果。

但是，这种相对平和的日子，不久又被一场大战役打断，这就是本章将要重点讲述的"石亭大战"。

回顾陆逊漫长的军事生涯，曾经赢得了两场至关重要的大战，而且战场的地名都带有一个"亭"字，即猇亭和石亭。上面已经介绍了他在猇亭之战中，以弱胜强，击败了蜀汉的刘备。此处就来讲讲他在石亭之战中，如何激战曹魏的大将曹休。

那是黄武七年（228年）八月，曹魏的淮南战区总司令官曹休，率领十万精锐兵马，从长江下游的北岸进攻孙吴。陆逊接受孙权的指令，指挥六万孙吴主力军团，前往迎战强敌。

这场大战役的起因，竟然是一个诈降之计，而且这个诈降计，还是《三国演义》中，黄盖用苦肉计诈降曹操这个著名故事的原版。那么这个诈降计究竟是怎么一回事？陆逊能不能在石亭之战中，继续谱写他以弱胜强的用兵传奇？这场大战又对当时的局势有何重要的影响呢？且听一一道来。

上面已经说到猇亭之战后，孙权因为西面的威胁彻底解除，于是与北面的曹魏公开决裂，建立"黄武"年号，完全独立。被孙权假装俯首称臣，"忽悠"了长达两年多的魏文帝曹丕，恼怒之极，出动十万以上的大军进攻孙吴，甚至御驾亲征。从此，孙吴的北部边境，开始面临越来越大的军事压力。

四年之后的黄武五年（226 年），魏文帝曹丕病死，其子魏明帝曹叡登基，继续对孙吴保持高压态势。黄武七年（228 年）春天，蜀汉丞相诸葛亮首出祁山，北伐中原，声势浩大，震动曹魏。魏明帝亲赴关中，督促诸军抵抗。从此，曹魏的用兵重点转到西面的关中，在孙吴所在的东南方向改取守势。已经与蜀汉重新结成战略伙伴关系的孙权，在压力大为减轻之后，就想还以颜色，发泄这几年一直被动防守的恶气。这口恶气怎么出呢？想来想去，竟然想出一个诈降的诡异招数来。

当时孙吴的鄱阳郡（治所在今江西省鄱阳县），北临长江，对岸就是曹魏设置的扬州。这年五月，该郡的太守王靖因平叛不力，屡受谴责，准备投奔曹魏。事情败露，王靖全家被杀，孙权改派亲信将领周鲂，出任鄱阳郡的太守。周鲂，字子鱼，吴郡阳羡县（今江苏省宜兴市）人氏，其人机智干练。那位因为杀虎斩蛟除三害而留名青史的西晋勇士周处，就是他的公子。孙权从王靖投敌一事得到启发，于是选定周鲂来扮演这一出诈降好戏的男一号主角。

不久，孙权派出的多批特使，接连来到鄱阳，对该郡的公务不断进行挑剔和指责。太守周鲂只好赶往下游的首都建业（今江苏省南京市），向设在这里的孙吴扬州州政府，也就是他的上级行政部门请罪。他脱去官帽，剃光头发，以罪人的模样，步行到州政府中的纪检部门，谢罪道歉，交代问题。老百姓难得见到当大官的如此狼狈，纷纷围在州政府门口看热闹，发议论。混在人群中的敌方间谍，很快就把这一重要情报，秘密传回对岸，呈送给曹魏的淮南战区总司令官曹休。由于周鲂表演的情节非常具体，非常生动，所以曹休对此事的真实性，深信不疑。

对于上述经过，《三国志·周鲂传》曾留下准确的原始档案记载："鲂初建密计时，频有郎官奉诏诘问诸事。鲂乃诣部郡门下，因下发谢；故休闻之，不复疑虑。"史文中所谓的"郎官"，即孙权身边的侍从官员，被派到鄱阳郡挑剔指责周鲂的特使；而"部郡"者，即"部郡国从事史"的简称，是当时州政府中的纪检官员，每一位官员针对下属的一个郡，专门监察该郡的不法官员。此处的"部"，是监察的意思。但是很遗憾，司马光《资治通鉴》转述这件事情时，却把"诣部郡门下"，改写成"诣郡门下"，漏掉了一个极为关键的"部"字，于是含义就变成周鲂前往自己主政的鄱阳郡政府门前去谢罪，逻辑上就完全对不上茬了。

接下来，曹休就开始接连收到周鲂秘密送来的多封亲笔信函，说是自己无端遭受吴主的指责和审查，处境极其危险，紧张思量一番之后，决心仿效前任的鄱阳郡太守王靖，弃暗投明，率领部下投奔魏国，因此急切期盼曹休派出大军，前往长江北岸的皖县（今安徽省潜山县）境内来接应，并且趁此大好时机打过长江南岸，以自己所在的鄱阳郡作为突破口，进攻政治昏暗的孙吴。

黄武七年（228年）八月，曹休果然中计，亲自统领十万大军，奔赴皖县，前去接应周鲂，同时准备借机进攻江东。身为曹魏淮南战区总司令官的曹休，按说智商不会很低，为何几封轻飘飘的信件，就使他这条大鱼乖乖上了钩呢？

曹休之所以中计上钩，除了周鲂与孙权配合的双簧戏演得非常之到位，周鲂的几封投敌信件也写得非常之煽情，而且其中还透露了不少半真半假的军事情报之外，更为关键的原因，还在于曹魏上层当时微妙的政治格局，使曹休滋生了急于建立重大功勋的焦急心理。

就在前年，魏文帝曹丕在京城洛阳病重之时，曾经选定了四位辅政大臣，依次为曹真、陈群、曹休和司马懿。但是，临到曹丕咽气之时，辅政四大臣中唯有曹休，因为多种原因，被留在重要的淮南战区而没有到场，加之他又相当看不起首席辅政大臣曹真，所以在当时，他心中非常之不满。

但是，令曹休更加不满的事还在后面。继位的魏明帝曹叡一登基，就打破了父亲曹丕生前留下的四大臣辅政体制，以便自己君权独揽。他把曹真派到西面的关中战区，把司马懿派到南面的荆州战区，只留下一个性格温顺的文臣陈群，在京城协助自己打理政务。曹真一到关中，就在街亭一战中，把诸葛亮的大军打得退了回去；司马懿一到荆州，在上庸一战中，也擒杀了密谋叛乱的将领孟达。在外镇守的三位曹魏军界大腕，曹真、司马懿这两位都建立了大功，唯独自视甚高的曹休，却还是两手空空，拿不出什么可以自豪的功勋来。心情极度失落的他，恨不得马上打一场大胜仗来挽回脸面。

在这种情绪的支配下，所以很快就中了计上了钩。上面提到的《三国志·周鲂传》还记载，周鲂本来的指望并不大，认为只要曹休能够带领一万兵马，前来咬钩上套就很满意了。没有想到曹休出动的兵马，根本不是一万，而是整整十万之多。曹休急于立功的心理状态，由此可见一斑。

那边的曹休取道合肥（今安徽省合肥市），直扑皖县而来。这边的孙权，看到上钩的鱼儿竟然如此巨大，一点不敢怠慢，便将军界的头号精英陆逊，委派为大都督，也就是前线各军的主帅，指挥六万雄兵，前去捕捉这条大鱼。至此，我们的主人公陆逊，再度正式披挂登场。

话说陆逊应召从夷陵启程东下，奔赴皖县，一路上都在思考如何迎战曹休的用兵方略。陆逊用兵有一个突出特点，就是在作战之前，一定要充分进行深思熟虑。在猇亭之战中，我们已经领略到他的这种用兵特点。此番迎战强敌曹休，他又会有什么样的深思熟虑呢？他能够唱好这出大戏，再度捍卫他孙吴主帅的荣誉吗？

事实上，陆逊一接到命令，就知道这出大戏不好唱。为什么不好唱？因为优势明显是在对手那边。

对手的优势在哪里？一是在军队的数量上。足足十万人马，几乎是自己兵力的两倍。二是在战场的地理上。那皖县虽然属于孙吴控制的地盘，却位于长江的北岸。而对手曹魏的大后方就在长江北岸，到皖县的直线距离并不远。对方既容易进攻皖县，又还容易保障后勤的支援。三是在战果的期望值上。对方的期望值非常灵活，战果大一点固然更好，小一点也能将就。

而陆逊这边的劣势，也在上面三点之上。一是兵力只有六万人马，几乎只有对手的一半。以弱胜强，谈何容易？二是陆逊前往皖县，必须渡过滔滔长江，大后方是在长江的南岸，对前线的支援，明显要比对手吃力得多。三是自己的战果期望值，只能大，不能小，只能赢，不能输，非常缺乏灵活性。为什么战果期望值只能大而不能小？这留到下面再说。

大戏确实不好唱。但是，不好唱也要唱，而且还要唱好，这才是孙吴主帅级名将的英雄本色。其实，对于唱好这出戏，陆逊还是有底气的。底气在何处？就在于他用兵的拿手本领上，具体说来是两个能够和充分：一是能够在动手之前，充分做到深思远虑，决不盲目轻率。二是能够在作战中，充分利用地理条件。《孙子·地形篇》早就说过："夫地形者，兵之助也。知此而用战者必胜，不知此而用战者必败。"意思是说，地形是用兵的辅助条件，懂得这一点并且运用在战争当中的，必定胜利，否则必然失败。上一节讲他鏖战刘备，我们已经充分领略到他在这两方面的用兵本领。那么此番他激战曹休，又会怎样来展现自己的特色呢？

首先，经过对战场一带地理状况的充分研判，陆逊终于找到了对方身上的一道软肋，从而有可能将对方的优势，进行有效化解。

软肋究竟在哪里呢？讲述战争，必须紧扣战场的地理，否则就说不到点子上。皖县，即今安徽省潜山县。长江下游的北岸，有一条支流叫作皖水。从长江进入皖水，逆流而上一百多里，即可抵达皖县城下。十四年前，孙权从曹操手中攻占了皖县，将其打造为北岸的重点军事要塞。此处的地形，以山地为主，即所谓的"七山一水二分田"。最为关键的是，如果曹休要想从他的军事大本营合肥（今安徽省合肥市），领兵杀往皖县的话，中间必须要横穿一段大别山的余脉。当时的这条山路，从北到南大约一百七十华里左右，极其险峻狭窄，通行非常之困难。山路的北端，当时叫作无强口，在今安徽省舒城县之南；山路的南端就是石亭，在今安徽省潜山县之北。而皖县的城池，还在石亭以南约二十华里左右。这样的险峻地形，对于曹休而言，那真是来也不容易，退就更加困难。因此，如果能把这一地形特点用好用活的话，就完全能够将对手在兵力上的优势，变成实战当中的劣势。

于是乎，陆逊打定主意，要把这条一百七十里的崎岖山路，以及山路南端的皖县，变成自己钓鱼竿上的丝线和鱼钩，让曹休这条大鱼在这里逃不过一场大劫难。

找到了对方的软肋，只解决了战略设计的一半，即客观条件的问题。陆逊还必须解决战略设计的另一半，即主观目标的问题。做好一件事，特别是大事，必须先确定合理的期望值，这属于现今常说的顶层设计。顶层的战略设计做好了，下层的战术设计才容易执行。就陆逊来说，就是将战果的期望值，确定在怎样的等级之上。那么他会定出怎样的战果期望值呢？

前面说了，孙权想出诈降诱敌这样的怪招，是要好好出一口遭受曹魏长期攻打的恶气。既然如此，那么此战就绝对不能打成一比一的平手，最后各自退兵了事。前面说，他的战果期望只能大，不能小，就是这个意思。既然不能打成平手，那么据守皖县城池的被动防守战就根本不能采用。因为对方攻不下城池，自然就会撤军，这就打成平手了。弄不好，还有被对方攻克城池招来失败的可能，十四年前孙吴攻占皖县，就是以大军围城之后强攻得手的，前车之鉴不远。

最为理想的期望值结果，当然是彻底的歼灭战。此番参战的孙吴大将朱桓，就力主打成包饺子那样的歼灭战。他直接向孙权请求，统领手下一万人马，在那条天险山路的北端，去阻断敌人退路，前后这么一夹攻，即可把来敌全歼在这条山路上了。《三国志·朱桓传》记载，孙权曾就朱桓的建议与陆逊商量："逊以为不可，故计不施行。"史文说陆逊拒绝采纳朱桓的建议，这并不符合事实。在下面我们就会看到，陆逊还是做了争取全歼敌人准备的，只不过思虑更为周密的他，为此特别加上了一道保险而已。

必须加上保险的玄机在哪里？这是因为，陆逊手下的总兵力只有六万，要想去包十万敌军的饺子，力量的对比上先就很悬。更为关键的是，那条崎岖山路的北端，已经相当接近曹魏控制的地盘。如果曹魏从大本营合肥，再度出动大军赶来援救，直线距离才不过二百华里左右，而且地势相当平坦通畅，最多两三天即可赶到。如果是这样，朱桓赶去对曹休包饺子的一万人马，同样就会被对方包成饺子了。但是，朱桓的饺子馅儿是十万人，对方的饺子馅儿才一万人，谁更容易被包了，可想而知。一旦朱桓先被对方包了饺子，孙吴全军的失败，顿时就在眼前。有鉴于此，所以陆逊认为，对于包敌人的饺子，可以尽量争取；但是应有的保险，也必须要加上。他加的保险究竟是什么？下面我们就会看到。

据城坚守打成平手不是选项，全歼敌人包成饺子也仅仅限于尝试性的争取，余下的期望值就只有一种：即打成漂亮的击溃战。什么是漂亮的击溃战？也就是要尽量多杀伤，多俘虏对方的有生力量；要尽量多缴获，多摧毁对方的兵器物资。这边陆逊的顶层设计有了，那边曹休的十万大军也到了。

话说那曹休，乃是曹操的族子，要论辈分，比这时在位的魏明帝曹叡还要高一辈，完全属于曹魏宗族将领中的骨干人物。资历很老，后台很硬，当然人也就很"牛"。他亲自统领大军，气势汹汹越过边境线，杀进孙吴地盘。一到无强口，就开始跋涉那条一百七十里的天险山路。事实上，此刻的曹休，已经得到最新的可靠情报，说是发现孙吴的大部队正在渡过长江奔向皖县，所以周鲂很可能是假投降。但是，曹休并没有打道回府，他仗恃自己兵力雄厚，即便打不过长江，打下北岸的皖县那是小菜一碟，而且也是可以拿回去炫耀的一桩战功，于是传令全军：继续向前推进。

这一日，大军好不容易到达山路南端的石亭。眼看前面二十里外，就是皖县的城池。曹休传令在此背靠山势，安营扎寨，充分休整之后，再对皖县发动强攻。在崎岖山路上艰难跋涉了好几天的将士，在极度疲劳中匆匆安营扎寨，很快就倒头进入梦乡。曹休照例派出侦察部队到前方探查敌情，结果侦察部队与敌军相遇，很快败下阵来。曹休一下子就提高了警惕，当晚全军休息之前，特别部署了两支精锐的主力分队，在左、右两侧的前方预先埋伏，防备对手晚上来偷营劫寨。

在此之前，早就先行到达皖县的陆逊，以逸待劳，已在此等候多时。在顶层战略设计的指导下，这位孙吴主帅级的名将，心中已经有了非常明确的战术设计。那么他究竟会在何时打？在何处打？又用什么战术来打呢？

陆逊的回答是当晚就打，就在对方扎营的石亭打，决心不给对手以任何充分休整从而恢复体力的机会。极度疲劳中，敌军的战斗力要减少一半；敌军正在睡梦中发动突袭，对方的战斗力又要再减少一半：连打两个对折，十万人马在数量上的优势就完全丧失了。那么具体又怎么打呢？在此之前，他的大军本来分为左、右两部。现今他根据当晚的最新情报，立马重新调整部署，变为三路强攻的阵形：左、右两翼，各一万多兵马，任务是强行攻击对方打埋伏的那两拨部队，得手之后，再一同合力袭击对方大本营的左右侧背。居中的三万主力军团，则由自己亲自率领，直接从正面发动强劲的冲击，猛攻对方的大本营。

　　当晚半夜，三路大军凭借对地形地貌的早就熟悉，迅速接近曹军的营地。首先发现敌情的曹军埋伏部队，立即进行抵抗。但是，孙吴军队的左、右两翼，人数更多，体力更足，准备更充分，攻击更准确，配合更默契，很快就占据上风。居中的陆逊，则指挥主力军团，砍开对方大营的外围防护设施，向曹休本人所在的中军大帐，发起一波又一波的猛烈冲锋。在睡梦中被惊醒的曹休，急忙下令组织抵抗。但是，万分疲惫的部队，突然遭到猛烈的打击，真正是脑袋一片空白。他们在对方严厉的切割穿插之下，顿时陷入一片混乱，死的死，伤的伤，逃的逃，根本无法形成整体的战斗力。曹休的用兵本领，本来就很普通平常，关键时刻还怕死。他见势不妙，只好抢先奔往背后的山间小路，向后方撤退。群龙无首的将士，听说主帅曹休已经开溜，纷纷丢弃一切有重量的东西，兵器、粮食、车辆、牲口，等等，跟着主帅往后奔逃。

　　这边的陆逊，指挥部下跟踪追击。与此同时，一支执行特殊任务的快速部队，已经奉他下达的命令，从东南方向快速进行大迂回，赶往那条山间道路的北端，前去阻断曹休的退路，这就是陆逊争取全歼敌人的尝试了。但是，就在这支部队出动不久，那边曹魏的合肥方向，竟然也有一支部队，也向同一目标，也就是那条山路的北端急速赶来。这是怎么一回事呢？

原来，此番与曹休一同出动的，还有另外两支呼应性的曹魏大军。其中的一支，由沙场老将贾逵率领，原定目标是皖县东北方的濡须口。但是，贾逵行至中途，突然得到最新情报，说是孙吴的一支快速部队，正在进行大迂回的运动，准备截断曹休的退路。作战经验非常丰富的贾逵，立刻就意识到曹休的处境非常险恶，立马改变行军方向，以最快的速度奔向西边的无强口，前去接应曹休。孙吴的那支快速部队，发现贾逵的大军赶来，便按照陆逊事先下达的指示，放弃堵截，安全撤退。这就是陆逊早就加上的一道保险了。《三国志·蒋济传》，对此有如下记载："遇救兵至，是以官军得不没。"用大白话来表述就是，要不是贾逵的救兵及时赶到无强口，曹休这条大鱼，就真的要被陆逊包成鱼肉馅儿的大饺子了。

至此，陆逊终于把这场大战，打成了漂漂亮亮的击溃战。史书记载说，孙吴方面斩首、俘虏曹魏上万人，夺取的牲口、车辆也数以万计，军用物资和各种兵器数量多到难以计算。狼狈逃回后方的曹休，愧恨交加，急火攻心，造成背上的大疮破溃，不久就一命呜呼了。

　　石亭之战，再次充分证明：陆逊不愧是孙吴乃至三国时期杰出的主帅级名将。回顾他这一次军事天才的完美展现，成功原因主要有二：一是在接到任务动手筹划时，能够遵循科学的程序，首先做好顶层的战略设计，然后再做下层的战术设计，整个过程中，思路和程序极为清晰。二是在确定战役目标的期望值时，能够根据主观和客观两方面的具体条件，明智选定一个合理的等级，有取有舍，而不是好大喜功，脱离实际，也不是怯懦畏缩，无所作为。这些成功经验，都值得后世的我们好好借鉴。

　　进而从军事上的全局形势来看，陆逊指挥的石亭之战，又是孙吴在淮南方向对曹魏多年的用兵中，战果最为辉煌的胜利。从此，在淮南方向，曹魏从攻势转为守势，而孙吴则从被动转为主动。因此，就孙吴与曹魏在淮南方向的军事态势而论，石亭之战堪称是攻防转换的分水岭。

　　如果再从政治上的全局形势来看，由于淮南方向直接面对的地域，正是孙吴最早的根据地江东，所以淮南方向军事态势的根本转变，就使孙吴的核心地区江东，在安全上得到了充分的保证和可靠的屏障。这样一来，就在孙吴的政治局势上，直接产生了两项标志性的成果。

　　第一项标志性政治成果，是孙权开始称帝。

石亭之战取胜之后还不到半年，也就是第二年的开春，
孙权开始放出自己要当皇帝的舆论，而孙吴的朝廷百官，也
纷纷开始敦促孙权"正尊号"，也就是在尊贵的称号上应当正
名，说白了就是别再当王了，该当皇帝了。当年四月，孙权
就放心把自己"升级改版"，从称王变为称帝。称帝之后，过
去称王时确定的旧年号"黄武"，当然不能再用了，必须确定
新的年号。当时确定年号，通常会遵循"五德相生"的政治
理论。孙权认为自己的吴国属于黄色的土德，取代了汉朝属
于红色的火德，所以当初定名为"黄武"。现今称帝后的新年
号，依旧带了一个"黄"字，叫作"黄龙"，说是因为此时的
长江之中，有黄龙出没的祥瑞，因而顺应天意取了这个年号。

在此之前，曹丕已经在黄初元年（220 年）称帝。一年之
后的刘备，在章武元年（221 年）也跟着称帝。现今到了黄龙
元年（229 年），孙权最后也称帝了。如果以三国君主是否都
已经称帝，作为政治全局态势的考量，那么以孙权称帝为标
志，三个称帝皇朝的鼎立时代，至此才算最后完成了。

第二项标志性政治成果，是孙权开始把都城重新迁回下
游的建业。

孙吴的行政中心，曾经随着形势的变化，有过多次的变
动。最初孙策死亡而孙权接班之时，是在吴郡的吴县，即今

江苏省苏州市。随着领土开始向长江上游扩张，行政中心曾经迁到京，后来叫作京口，也就是现今江苏省镇江市。建安十六年（211年），又溯江而上，迁到秣陵，并且将秣陵改名为建业，也就是现今江苏省南京市。之后袭杀关羽，夺占荆州，又再度溯江而上，迁到上游的鄂县，将其改名为武昌，即今湖北省鄂州市。孙权称王和称帝，都在当时的武昌进行，但是这里的武昌，与现今湖北省武汉三镇之一的武昌，虽然名称相同，实际上却完全不是一回事。

孙吴此前迁都武昌，着重是从控制上游荆州广大新领土的政治考虑出发。现今在西边与蜀汉重新结成战略伙伴，而荆州已经变成相对稳定的地域之后，武昌在经济上的不足之处就开始显现出来。从《三国志·陆凯传》的翔实记载来看，当时的武昌，土地还相当瘠薄，在物质供应的总量上，难以支持一个国家都城的大量消耗，与物产丰盛的建业无法相比，所以急切想回到建业的人群中，还出现如下的民谣："宁饮建业水，不食武昌鱼；宁还建业死，不止武昌居。"

但是，到了如今，情况就不同了：不仅西边的荆州相对稳定，而且江东的安全又得到可靠保障。因此，把都城重新迁回建业，时机已经成熟。于是在孙权称帝之后的当年九月，孙权又放心地宣布：自己还都建业。此后，又继续对建业进行了大力的打造，从而使得建业变成了长江以南的中心城市，开启了六朝金粉之都的新纪元。这正是：

　　　　石亭鏖战功勋大，影响江东故事多。

　　要想知道陆逊的人生道路，在孙权迁往建业之后，又有哪些重大的变化，请看下文分解。

第八章

董督军国

　　石亭之战取胜之后，陆逊率领大军凯旋，回转江南，一场盛大的欢迎仪式就此开始。首先，全军披挂整齐，士气高昂，军容威武，接受了孙权的亲自检阅。然后，陆逊来到朝廷的殿堂，向高坐其上的孙权，恭敬地报告作战的经过。无比高兴的孙权，下令把自己御用的精美伞盖，用来接送陆逊出入殿门，至于赏赐给陆逊的各种奇珍异宝，那都是孙权才能享受的上等罕见之物。仪式完成，陆逊随即前往自己的常驻地，也就是长江上游的夷陵。而此时的夷陵，孙权已经将其改名为西陵了。

不久之后的黄龙元年（229年）四月，孙权正式称帝，随即按照惯例，对朝廷百官给予奖赏。作为第一大功臣的陆逊，被特别提升为上大将军、右都护。这又是两项什么样的官职呢？

所谓的"上大将军"，是孙吴专门设置的一种高级军阶，其地位仅次于大司马，但比陆逊原来所担任的"辅国将军"要高得多。至于"右都护"，也是孙吴特别设置的一种重要军职。孙权称帝之后，准备还都建业，考虑到上游荆州的沿江防线相当漫长，于是将其划分为上、下两大段，分段设置一位总指挥官，统一指挥所属江段的布防驻军：上段的总指挥官称为"左都护"，由诸葛亮的大哥诸葛瑾担任，常驻地在公安（今湖北省公安县）；下段的总指挥官称为"右都护"，由陆逊担任，常驻地在武昌（今湖北省鄂州市）。直到两人死后，这种部署才有所改变。

这一任命发布之后，陆逊的常驻地也随之改变，从三峡东端的西陵（今湖北省宜昌市），变动到长江中游的武昌。而他到达武昌后不久，孙权自己就宣布离开武昌，还都建业。因此很明显，孙权对陆逊的上述任命，实际上是在为自己还都建业做充分的准备了。

但是，以上任命仅仅是军事范围内的措施，还必须有行政范围内的任命措施作为配套，才能算是文武兼备。于是在离开武昌之前，孙权又宣布了一系列行政范围的新举措。

首先，把二十一岁的太子孙登，以及其他的皇子，一并留在武昌，共同镇守上游的荆州；其次，朝廷的主要行政系统，也就是分工负责处理各类行政事务的尚书台，以及朝廷九卿，包括太常、光禄勋、卫尉、太仆、廷尉、大鸿胪、宗正、大司农、少府等，也都继续留在武昌，暂时不予变动；最为重要的一项，是特别委派陆逊在武昌辅佐太子，指导其他皇子，同时掌管荆州的行政事务，而扬州所属的三个郡，即临近荆州的豫章、鄱阳、庐陵，其行政事务也一并归陆逊监管。

对于以上陆逊在军事、行政两方面巨大的权力和责任，孙权使用了四个字来精准概括，叫作"董督军国"，意思是处理和督查军事和国政的事务。而陆逊在"董督军国"中的诸多重大表现和有趣故事，也在史册中一一被记录下来。

首先来看指导皇子方面的故事。

古往今来，属于"官二代"或者"富二代"的子弟，要想对其进行教育和指导，那都是一桩难度系数很高的事情。原因很简单，仗恃老爸有权有钱，于是就使用各种方法来进行抵制。就连当老爸的自己，往往都会拿宝贝儿子没有办法，只有去找他人来代替自己进行教育，所以才会有"易子而教"的古训流传后世。如今孙权独自回转下游的建业逍遥去也，留下自己的一帮娃娃在武昌，要陆逊充当自己的教育代理，替他进行教育和指导，这正是"易子而教"的套路。

但是，连孙权本人都感到棘手的事情，陆逊难道不感到棘手吗？照样棘手。原因之一，陆逊乃是孙策的女婿，所以孙权的这批娃娃们，在亲属关系上都是与他平辈的小表弟。在辈分上，你我都同等，而亲缘关系上，这批娃娃却与君主孙权更亲近，你说好不好管？当然不好管！但是，正是在这件事情上，陆逊公而忘私的品格就充分展现出来。只要是该管的事，他就要堂堂正正地去管。而他出面去管的第一件事，竟然与当时的一个娱乐项目有关。

原来在当时的孙吴，流行一种叫作"斗鸭"的娱乐游戏。不要以为只有雄性的鸡才喜欢相互打斗，鸭子在这方面也不逊色。而特别能够打斗的鸭，当时叫作"斗鸭"，就是孙吴专门培育的品种。人们将精心养育的斗鸭，同时放进一个用围栏包围起来的较小空间中，让它们相互打斗，然后在鸭毛乱飞的欢呼声中，分出高下，决出胜负。由于这种游戏不仅简单易行，而且还迎合了人们的好胜心理，于是这股风气就从南方的孙吴，又蔓延到北方的曹魏，以至于魏文帝曹丕，还曾经派遣专使前往孙吴，要求孙权在上交的贡品中，特别加上斗鸭这一品种，而且还造成了孙吴朝廷群臣之间的一番争议来。

话说孙权此时有七个宝贝儿子：老大孙登、老二孙虑、老三孙和、老四孙霸、老五孙奋、老六孙休，最小的是孙亮。这七个娃娃当中，就数老二孙虑最喜欢玩斗鸭。为何就他最爱呢？因为这孙虑自小就很聪明，在才艺方面尤其擅长，所以《三国志》在他的传记中，就有"少敏惠，有才艺"的档案记录。所谓的"才艺"，就是音乐、体育、美术等方面的业余爱好。孙虑多才多艺，所以对时尚的"斗鸭"娱乐也就喜欢上了。如果是小小的爱好，偶尔玩上一场两场，那也无可厚非，而他却是迷恋得上了瘾。

迷恋上瘾的直接原因，是他此时的心情实在是太好了。就在上一年，年仅十六岁的他，就被老爸孙权封为建昌侯，也就是封地在建昌县的侯爷。这建昌县，在今江西省的宜丰县。还没有成年就当上了侯爷，有了一个县的独有封地，众兄弟中除了大哥孙登当上皇太子，比自己更加风光之外，其他的老弟在这时，都还没有得到如此荣耀的优待，难怪孙虑心情无比欢畅了。于是，他摆出侯爷的谱来，吩咐侍从，在自己侯爷府邸的中堂前边，修造一个专门用来斗鸭的围栏，而且围栏还要做得非常精巧和美观。侍从得令之后，为了讨得小侯爷的欢心，四处寻找出色的工匠不说，又要求工匠尽量往精巧美观的方面做。

不久，斗鸭围栏终于完成，果然既精巧又美观，堪称孙吴斗鸭的第一豪华围栏。消息传到陆逊的耳朵里，他顿时忧心忡忡起来。建昌侯正是年轻向上之时，不把精力用在进德勤学的正途，而耗费在这种没有多大意义的无聊游戏之中，不是容易走向歧途吗？再说国家正值与北方曹魏严重对抗之期，在军费相当紧张的情况下，为了这种游戏耗费不少费用，更是不妥之举。作为诸位皇子的指导者，自己必须对此采取恰当的措施。

于是，陆逊亲自前往建昌侯的府邸，诚诚恳恳对孙虑开导说："君侯现今正当大好年华，应当勤奋阅览各家经典，让自己每天都有新的收益。把心思都用在这种斗鸭上有何意义呀！"

那孙虑还真是不错，没有皇家子弟仗恃特权势目中无人的恶习，他立即采纳陆逊的忠言，命令侍从将堂前的斗鸭围栏全部拆除销毁。更加令人赞叹的是，孙虑从此开始严格约束自己，专心开始进德勤学，不断有所进步。两年以后，因为孙虑的进步显著，丞相顾雍等朝廷大臣，便向孙权呈上表章，请求将孙虑的爵位从侯爵晋升为王爵。孙权虽然暂时没有批准，但是此后却任命孙虑为镇军大将军，前去镇守军事要地半州。

当时的半州，在今江西省九江市西边，是孙吴沿江防线上一座重要的军事据点。黄龙三年（231年），十九岁的孙虑走马上任。当时人们还担心这个皇二子过于年轻，恐怕不能够把注意力专注在公务之上。哪知道孙虑到任之后，不仅严格遵守法规，而且非常尊敬自己的老师和朋友，其出色表现超过了人们的想象。但是追根溯源，孙虑焕然一新的面貌，正是从陆逊的尽心劝导开始的。也就是说，陆逊对他的辅导，可谓功不可没。

令人惋惜的是，孙虑到任之后第二年的正月开春，刚刚年满二十岁的他，就突然离开人世。他究竟死于什么原因，史书上没有明确交代。不过可以肯定的是，孙虑之死，将对陆逊此后的人生产生潜在的巨大影响。因为再过九年的赤乌四年（241年），孙虑的大哥皇太子孙登，也在三十三岁时去世了。由于老大、老二相继离开人世，孙权只得将老三孙和确定为太子，由此引发了孙和与老四孙霸在皇位继承人选上的激烈争夺，又迅速蔓延成为朝廷大臣之间的派系斗争，最后使得陆逊愤懑而死，孙吴政局趋于恶化，这都是下面将要讲说的故事。

劝导好了孙虑之后，接下来陆逊的教育对象，乃是皇族子弟中的另一名亲近成员孙松。

孙松，字子乔，他的父亲乃是孙权的同胞亲三弟孙翊。孙翊在丹杨郡太守的任上，不幸被手下刺杀，其妻徐氏夫人面对突发事变，临危不乱，镇定应对，运用智谋诛杀了凶手，演绎出一段弱女子成功为夫复仇的奇绝故事。孙权的同胞兄弟共计四人，大哥孙策和三弟孙翊，先后都死于刺客之手，而这孙松自小就失去父亲，所以孙权对这个亲侄儿非常之怜爱和关照，一成年就安排他担任了射声校尉的官职，又封为都乡侯。这射声校尉，乃是京城禁卫军一支特种兵的指挥官，统领和指挥射声校尉分队。所谓"射声"，是形容射箭本领的高强，一听到声音就能发射利箭，命中目标，所以这是一支以弯弓射箭而著称的特种兵，肩负的使命是保卫君主的安全，其重要性可想而知。孙权把孙松安排到这一重要的岗位上，是想让他得到好好的历练，以后会有更光明的前程。而陆逊也深知孙权对孙松的期望，因而对孙松的表现也格外关注。

但是，在一次军事演习中，孙松所指挥的射声校尉分队，错误认为这并非真正的实战，只是走走过场而已，所以操练出来的队列就稀稀拉拉，很不整齐和规范。身为最高监督官的陆逊，并没有因为孙松的特殊身份就放任不管，但又照顾到孙松本人的体面，于是当场在官兵面前下令宣布：将孙松分队中专门负责演习操练的军官，撤职查办，处以髡（kūn）刑。所谓的"髡"，是当时刑罚的一种，罪犯要被剃光头发，戴上刑具做苦工五年。

经过陆逊这样一场认真的调教，孙松此后的行为大有进步。可惜他也是寿命不长，黄龙三年（231年）不到三十岁时就离开人世。后来诸葛亮在写给大哥诸葛瑾的信中，还提到了面貌一新的孙松，说是"子乔良器，为之恻怆"，即孙松是一个优良的人才，真为他的去世而悲痛不已。

由于陆逊非常关注皇族子弟的健康成长，因而对于皇族子弟的指导教师，也很留心他们的言行。黄龙元年（229年）孙权称帝之后，专门为皇太子孙登，选择出来一批官员，担任孙登的专职辅导员。其中地位较高的有四位，诸葛恪、张休、顾谭、陈表，分别担任太子左辅、太子右弼、太子辅正都尉、太子翼正都尉的官职，合称为太子的"四友"，即四位关系亲近的朋友；还有地位较低的四位，谢景、范慎、刁玄、羊衜，合称为太子的"四客"，即四名随从陪伴的宾客。一时间，皇太子孙登所在的东宫，得到了人才荟萃的好评。

在这一大批专职辅导员的上面，还有一位地位最高的辅导老师，就是陆逊。他的重要职责之一，则是对这些专职辅导员进行监督，从而保障他们不会把年轻的皇太子引入歧途。
而位居"四客"之首的谢景，恰恰就在这方面，被陆逊确认
为出了问题。这又是怎么一回事儿呢？

原来在那时，曹魏方面有一名重要大臣，名叫刘廙。这
刘廙是南阳郡安众县（今河南省邓州市）人氏，曾经多次为
曹操出谋献策，也曾在曹丕代汉称帝的过程中尽心尽力。与
此同时，刘廙又是一名政治理论家，撰有《政论》等著作，
在曹魏的思想理论界具有不小的影响。他的思想属于法家学
派，所以极力宣扬一种被称为"先刑后礼"的政治理论。所
谓"先刑后礼"，就是在治国理政当中，要把刑法惩治的严厉
措施放在首要的位置，而把礼乐教化的道德培养放在次要的
位置。由于刑法惩治是法家所强调的主张，而礼乐教化是儒
家所强调的主张，所以刘廙的"先刑后礼"，实质上就是"先
法后儒"的另一种说法。

刘廙的"先刑后礼"理论，很快又传到南方的孙吴，并
且有了知音，这就是前面提到的谢景。谢景不仅非常欣赏这
种时尚的理论，而且把它视为先进的思潮，带到皇太子的东
宫当中，向太子孙登进行宣讲。陆逊得知消息，立即召见谢
景，以平常很少见到的严厉态度，责备谢景说："礼乐教化高
于刑法惩治的历史已经很久很久了，刘廙采用琐细的诡辩来

违背古代圣人的教导，完全是错误的。你如今担任了太子的侍从官员，应当遵守仁义原则以显扬太子的道德；像刘廙这一类的错误论调，今后绝对不能再讲的了。"

经过陆逊的坚决制止，"先刑后礼"的理论在皇太子宫中，从此不再有人提说。后世讲述三国者，对于这件事情也很少有人提及。但是，本书作为记述和评价陆逊的专传，就有必要来对这件事情背后的玄机探究一番，因为这关系到对陆逊的深入了解和准确认识。

大体说来，两汉皇朝四百年，是儒家思想长期占据统治地位的时代。在治国理政的思想路线上，一直是把"礼乐教化"作为首选的根本性措施，而把"刑法惩治"作为次要的辅助性手段。如果套用刘廙的四个字表述格式来进行总结，就是"先礼后刑"，或者"先儒后法"。因此，刘廙的"先刑后礼"理论，实质上是对两汉思想政治传统路线的一种颠覆。那么问题就来了，刘廙为何会倡导"先刑后礼"？谢景又为何会成为刘廙理论的拥趸和粉丝？陆逊又为何会坚决反对"先刑后礼"理论呢？让我们依次来揭秘。

根据陈寿《三国志·刘廙传》的记载，刘廙其人在少年时代，曾经在家乡安众县南面不远的襄阳县（今湖北省襄阳市襄城区）居住。那时的襄阳县，是荆州军政长官刘表的施政中心。刘廙的哥哥刘望之，在刘表手下担任下属，所以把弟弟带在身边加以培养。而荆州因为地处南方，社会秩序相对安宁平静，于是便有大批的北方文化精英，为了躲避战乱来到襄阳，刘表也以地方军政长官的身份热情接待，支持他们发展当地的文化事业。后世学者所称的"荆州学派"，由此应运而生。

荆州学派在学风上的特色之一，就是兼收并蓄，推陈出新，并不局限于此前占据主导地位的儒家。法家、名家、玄学家的思想，都在此处获得了自由滋长的土壤。刘廙十岁的时候，就经常在荆州学派的讲堂之上玩耍游戏，并在这种浓厚的学术气氛中长大。因此，他对法家理论产生兴趣并且给予重视，与他的成长环境有密切的关系。作为有趣的旁证，就是曾在襄阳西边隆中长期躬耕，同样在荆州学风中成长起来的诸葛亮，后来也在蜀汉政权的治国理政上，特别采用了法家理论的精华，形成了"以法治国"的特色。

古语说得好："上有好者，下必甚焉。"曹魏政权开创者曹操的重视法家，更是促成刘廙法家优先理论的现实因素。《晋书·傅玄传》上就对此作出如下总结："近者魏武好法术，而天下贵刑名。"说是近期魏武帝曹操喜好法家的手段，所以造成天下重视刑法名理的风气。这种现实的利害关系，再加上早年成长环境的影响，就是刘廙"先刑后礼"理论产生的深层次玄机。

至于谢景之所以成为刘廙的拥趸和粉丝，其原因同样有二。从表面上看，谢景其人据《三国志·孙登传》的记载，也是南阳郡人氏，刘廙乃是他的同乡。出于对同乡前辈名流的仰慕，因而附庸风雅，这是很自然的事。但是深层次的因素，依然在于现实的利害关系。孙权主政江东以来，可谓大小战争连年不断。单以大型战役来说，先是赤壁之战抗击曹操，接下来在西边袭杀关羽攻占荆州，猇亭之战抵御刘备，淮南之战对抗曹丕，石亭之战大破曹休，可谓是战争机器长时间全速开动，几乎没有安宁之日。战争所耗费的大量人力、财力从哪里来？当然是从老百姓身上抽取而来。为了保障如期、如数抽取到预定的人力、物力，没有任何的拖延、欠缺，当然又会实施极为严厉的法令规章，并且对违令、违规者进行无情的惩罚。于是乎，在孙权的治国理政上，到后期就呈现出"科法严峻"的现实来。史书所谓的"科法严峻"，就是惩罚条款非常严厉无情的意思，而这正是法家政治的主要特征。在这种现实背景之下，谢景努力宣扬"先刑后礼"的理论，就有为孙权治国施政提供理论依据的功利性目的了。

陆逊又为何会坚决反对"先刑后礼"的理论呢？扼要说

来，原因同样有二。

首先是传习儒学的家学传统。

陆逊的家族，按照《三国志·陆逊传》中的精准定位，是五个字："世江东大族。"即世代都是江东的大族。史文中的"大"字，具有两方面的含义：一是指家族的群体大，人数多，这是数量上的定位；二是指家族的名声大，地位高，这是质量上的定位。之所以名声大，地位高，原因在于世代为官，属于官僚家族；而之所以能够世代为官，连续不断，根本原因又在于具有重视传习儒学的家学传统。

两汉四百年，是儒家思想长期占据统治地位的时代，"礼乐教化"一直是治国理政的首要措施，东汉时期更是如此。在行政人才的选拔考试上，是以儒家的学说作为准绳；在行政官员的施政实践上，是以儒家的学说作为指导。如果对儒学不能做到深入的学习和理解，连官员选拔的入门考试都通不过，更不用说能否胜任施政的官职了。也就是说，从深层次的社会背景来看，陆氏家族之所以能够做到"世江东大族"，擅长传习儒学的家学传统是必不可少的前提条件。

让我们来看《三国志》中的具体证据。

《陆逊传》记载，陆逊的祖父陆纡，因为"敏淑有思学"，所以得以进入官场。此处的"有思学"，是说他在儒家理论上能够深思和好学。而陆纡的弟弟，即前面提到过的陆康，则是因为精通儒学而被本郡太守选拔为孝廉，然后通过儒学考试而进入官场。还有陆康的儿子陆绩，前面已经说到过他的有趣故事，小小年纪到袁术那里做客，他却把橘子放入怀中准备带回家给母亲尝鲜。他的这种纯真孝心，就来自儒家思想的培养。《三国志·陆绩传》中还记载，陆绩临死前列举自己一生精心研读的书籍，有《诗经》《尚书》《礼记》《周易》四种，这全部都是儒家的经典。至于陆逊本人及其儿子陆抗，在先后担任孙吴大臣时呈送皇帝的奏疏，凡是引用古代文献或古人言论者，全部都是出自儒家经典，包括《诗经》《尚书》《周礼》《春秋》《周易》等，而且内容都是强调儒家的仁恕之道，完全没有引用过法家的刑罚之术，这只要细看他父子二人在《三国志》中的传记就会清清楚楚。

其次是孙吴政治的现实因素。

上面已经说过，在孙权的治国理政上，到后期就呈现出"科法严峻"的现实来。而"科法严峻"这四个字的定性，正是出自陆逊对孙权呈上的奏疏之中。一心忠诚为国的陆逊，对此感到极为忧虑，正在考虑如何向孙权进献忠言，改变这种现状，却恰好碰上谢景向皇太子灌输"先刑后礼"的时髦理论，想把"科法严峻"的做法传授给未来的孙吴君主，陆逊怎么能够坐视不理？

正是从谢景一事受到深深的触动，陆逊不再迟疑，立即草拟一份奏章呈送给建业的孙权。这份奏章清晰显示出陆逊在政治思想上的取向，以及他与孙权在治国理政上的认识分歧，非常值得一读，全文如下：

> 臣以为科法严峻，下犯者多。顷年以来，将吏罹罪，虽不慎可责；然天下未一，当图进取，小宜恩贷，以安下情。且世务日兴，良能为先；自非奸秽入身，难忍之过，乞复显用，展其力效。此乃圣王忘过记功，以成王业。昔汉高舍陈平之愆，用其奇略；终建勋祚，功垂千载。夫峻法严刑，非帝王之隆业；有罚无恕，非怀远之弘规也。

翻译成大白话就是：为臣认为法令过于严厉，下面违犯的就会增多。近年以来，将领官员中有不少人被治罪，虽然他们自己不谨慎应当受到责备；但是现今天下尚未统一，应当考虑进取天下的大事，所以最好稍微施加恩典给予宽恕，以安定下面的情绪。再说政治事务日益增多，使用优秀能干的人才是当务之急；因此只要不是奸恶污秽腐蚀了肌体，其罪过难以容忍的人，都请陛下能够再度使用，让他们有机会发挥力量并作出成效。这是圣明帝王忘记臣僚过错牢记他们的功劳，从而完成大业的方法。从前汉高祖不计较陈平的缺点，采用他奇妙的谋略；终于建立了功勋和基业，美名流传千载。总之，严刑峻法，不是帝王兴隆政治的内容；有罚无恕，也不是招引远方民众前来归顺的宏伟规划啊！

但是，陆逊的这篇奏章，孙权并没有给予任何的批复。其实，没有任何批复，已经亮明了孙权的态度，就是完全不能认同。而在位君主与首席辅政大臣之间，在治国理政上出现这种认识上的分歧，当然不是一件好事，可以视为此后君臣之间出现严重问题的一种征兆。

说了陆逊本人的忠心为国，该来看看他的家风如何了。俗话说："一人得道，鸡犬升天。"看看陆逊的家风究竟怎么样，就能从一个重要的侧面，看出陆逊自身的人生态度，以及现今常说的"三观"，即世界观、人生观和价值观来。

陆逊接连建立丰功伟绩，光荣出任孙吴的首席辅佐大臣，说功劳有功劳，说地位有地位，说权力有权力，那么他的家庭成员是否会凭借他这棵参天大树，趁机为自己大捞好处呢？答案是一个字——否。如若不信，事实为证。

陆逊自身小家庭的成员不多。他只有一个儿子，名叫陆抗，此时只有十岁左右，还不能进入官场，可以置之不论。至于陆逊兄弟这一辈，他没有哥哥，只有一个弟弟陆瑁。陆瑁，字子璋，从小就在良好家风的熏陶之下，养成了种种优秀的品性。首先是爱好文化学术，名利之心非常淡泊。成年之后，长时间都没有进入官场谋取前程，更不用说利用哥哥陆逊的名位和权力，去疯狂捞取私人的好处了。一直到了猇亭之战又过去十年之后的孙权嘉禾元年（232 年），经过孙权的特别征召，他才首次出来从政，担任了议郎的官职。其次，他为人又非常正直，在任上能够积极向孙权进献忠言。同时，他还严格教育儿子陆喜勤奋读书，完全没有世家子弟骄纵傲慢的常见做派。可惜当官才七年，他就带着美好的名声离开人世，令人惋惜不已。

小家庭之外的大宗族成员中，情况又怎样呢？

前面已经提到过的陆绩，字公纪，虽然很早就进入官场，担任了孙权府署的下属，但是因为为人正直，结果被排斥到外地的郁林郡去当太守，兼管当地的军事。郁林郡的行政中心，在今广西壮族自治区的桂平市，那时候还属于边远之地。陆绩到了那里，不仅毫无愤懑怨恨之情，反而在清静的环境中，潜心研究学问，勤奋从事著述，打开了一片实现人生价值的新天地。首先，他在天文学的探索上，对天体结构提出了自己独特的见解，还创制了《浑天图》，其学说堪称自成一家。其次，在儒家经典的研究上，他对《周易》进行深入的注释，也足以自成一派。另外，西汉著名学者扬雄，曾经模仿《周易》，撰写出一部名叫《太玄》的著作，探究阴阳、八卦的理论。陆绩非常喜欢这部著作，于是对其进行注释。他对《太玄》所写的一篇介绍，名叫《述玄》，一直流传至今，是后世学者研读《太玄》的重要史料。

但是，同样也很可惜，他年仅三十二岁时，就在郁林郡当地英年早逝。这时的东汉皇朝，还没有被曹魏取代，所以他在临死前亲自给自己写的祭文中这样写道：

有汉志民，吴郡陆绩；幼敦《诗》《书》，长玩《礼》《易》。受命南征，遘疾遇厄；遭命不永，呜呼悲隔！

翻译成白话诗歌就是：

汉朝一名有志向的居民，他就是吴郡人陆绩；幼年就重视学习《诗经》《尚书》，长大了又玩味《礼经》《周易》。他受命征讨南方的地区，不料却患病遇到厄运；生命遭受如此不幸，悲哀啊，他就要与人世永远隔开了！

还有一位陆凯，字敬风，是陆逊的族子，即堂侄儿。陆凯在黄武年间，凭借自身的才干进入官场，先后担任了永兴县、诸暨县的县长。按照当时的制度，拥有居民上万户的大县，其行政长官称为县令，不到万户的小县，其行政长官称为县长。这永兴县、诸暨县，分别在今浙江省的杭州市萧山区、诸暨市，现今虽然都是人口众多而经济发达的地区，但是在当时，却还是居民不到万户的落后小县。陆凯到任后，认真苦干，政绩突出，因此得到奖赏，被提升为建武都尉，开始进入军队。

进入军界的陆凯，依然保持原来的书生本色，在刀光剑影中努力读书，手不释卷。值得注意的是，他与祖辈陆绩一样，也非常喜欢扬雄的《太玄》，常常对人进行讲解和推演。可以说，《太玄》一书也是陆氏家族的传承性经典；而陆氏家族文武兼备的特色，在他身上也显露出来。

陆凯此后，还会有更大的发展和贡献。这些有趣故事，将留在下文详细介绍。这正是：

优秀家风堪赞赏，武功文化两生辉。

要想知道陆逊人生中的另一面，又会呈现出一种什么样的艰难处境，请看下文分解。

图1　守江口书生拜大将（金协中绘）

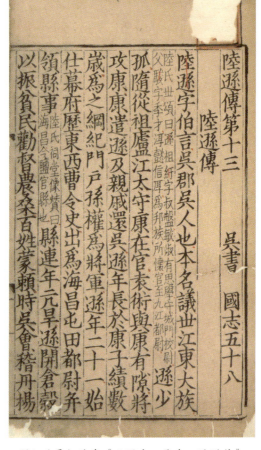

陸遜傳第十三　　吳書　　國志五十八

陸遜傳

陸遜字伯言吳郡吳人也本名議世江東大族
陸氏世頌曰遜相紆字叔盤敏嘅有思寧午城明校尉
父駿字季才淳懿信厚爲邦族所懷官至九江都尉
遜少

孤隨從祖廬江太守康在官表術與康有隙將
攻康康遣遜及親戚還吳遜年長於康子績數
歲爲之綱紀門戶孫權爲將軍遜年二十一始
仕幕府歷東西曹令史出爲海昌屯田都尉幷
領縣事陸氏祠堂傑贊曰縣連年亢旱遜開倉穀
海昌今鹽官縣也
以振貧民勸督農桑百姓蒙賴時吳會稽丹楊

図2　（晋）陈寿《三国志·吴志·陆逊传》
（南宋建阳本）

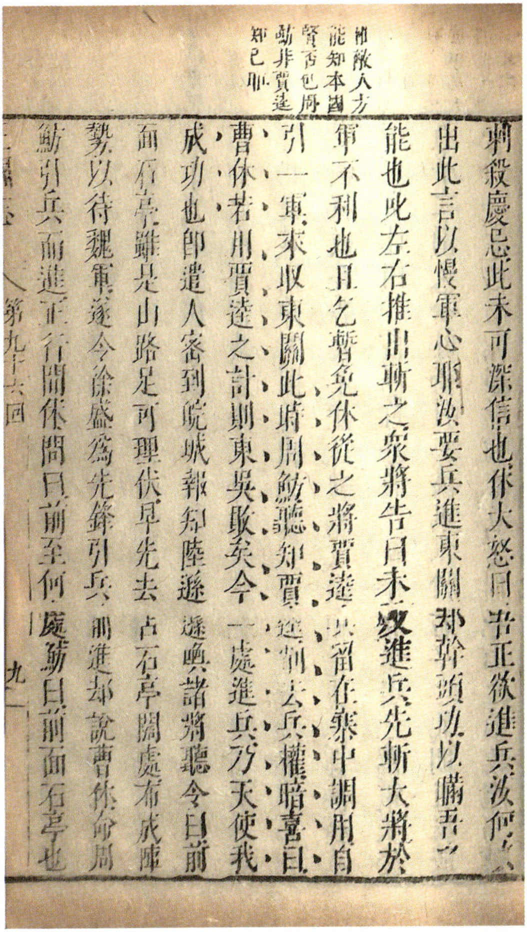

神機入方
能知本國
瞥否也何
勒非賈逵
知已耶

朝殺慶忌此未可深信也休大怒曰吾正欲進兵汝何

出此言以慢軍心耶汝要兵進東關卻幹頭功以贖吾

能也此左右推出斬之衆將告曰未及進兵先斬大將於

軍不利也且乞暫免休從之將賈逵屯兵留在寨中調用自

引一軍來收東關此時周魴聽知賈逵領去兵權暗喜曰

曹休若用賈逵之計東吳敗矣今一處進兵方天使我

成功也即遣人密到皖城報知陸遜遜喚諸將聽令曰前

面石亭雖是山路足可埋伏卻先去占石亭闊處看曹休

勢以待魏軍遂令徐盛為先鋒引兵前進卻說曹休命周

魴引兵而進正行間休問曰前至何處魴曰前面石亭也

（九）

图3 《李卓吾先生批评三国志》第九十六回《陆逊石亭破曹休》

（清嘉兴九思堂刊本）

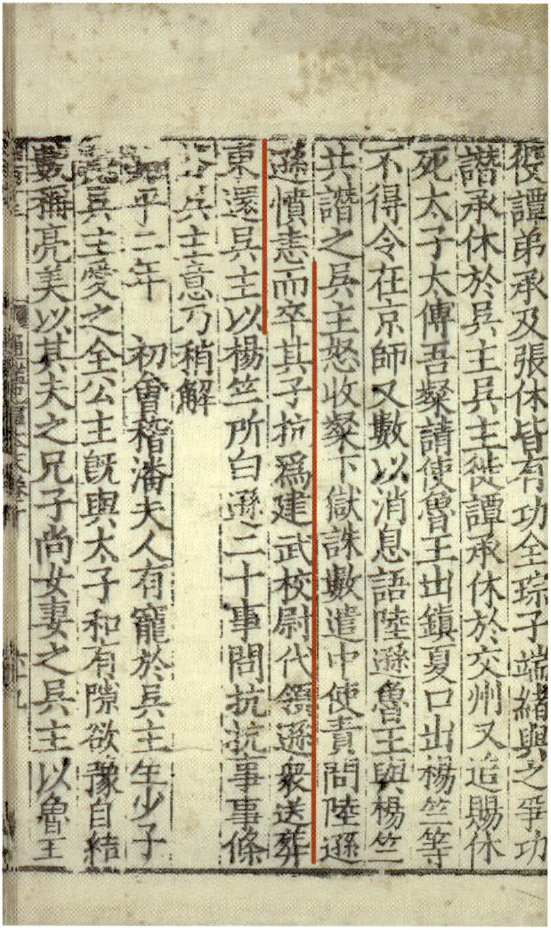

役譚弟承及張休皆有功全琮子端緒與之爭功
謂承休於呉主呉主從譚承休於交州又追賜休
死太子太傅吾粲請使魯王出鎮夏口出楊竺等
不得令在京師又數以消息語陸遜魯王與楊竺
共譖之呉主怒收粲下獄誅數遣中使責問陸遜
遜憤恚而卒其子抗爲建武校尉代領遜衆送葬
東還呉主以楊竺所白遜二十事問抗抗事事條
答呉主意方稍解

平二年　初會稽潘夫人有寵於呉主生少子
呉主愛之全公主既與太子和有隙欲豫自結
霸稱亮美以其夫之兄子尚女妻之呉主以魯王

図4　（宋）袁枢《通鑑紀事本末・呉易太子》
（南宋宝祐五年湖州本）

集不擊而待其疲沮又曰愛民可煩遜謂孫
桓無可憂而不必救又曰我不欲戰乘其所
之遜種豆奕棊而敵不敢威又曰親而離之
遜假作式書定也

吳陸抗

陸抗字幼節孫策外孫也與諸葛恪撚屯柴桑
抗臨去皆更繕完城圍葺其牆屋居廬桑木不
得妄敗恪入屯儼然若新而恪柴桑故屯顏有
毀壞深以為慚孫皓即位政令多闕抗上疏曰

按抗識根本
籌要官而又
能緊挹宜故
大有功於吳

图5 （明）陈元素《古今名将传·吴陆抗传》
（明天启本）

图6　陆逊误入八阵图

（清刻本《精镌合刻三国水浒全传》）

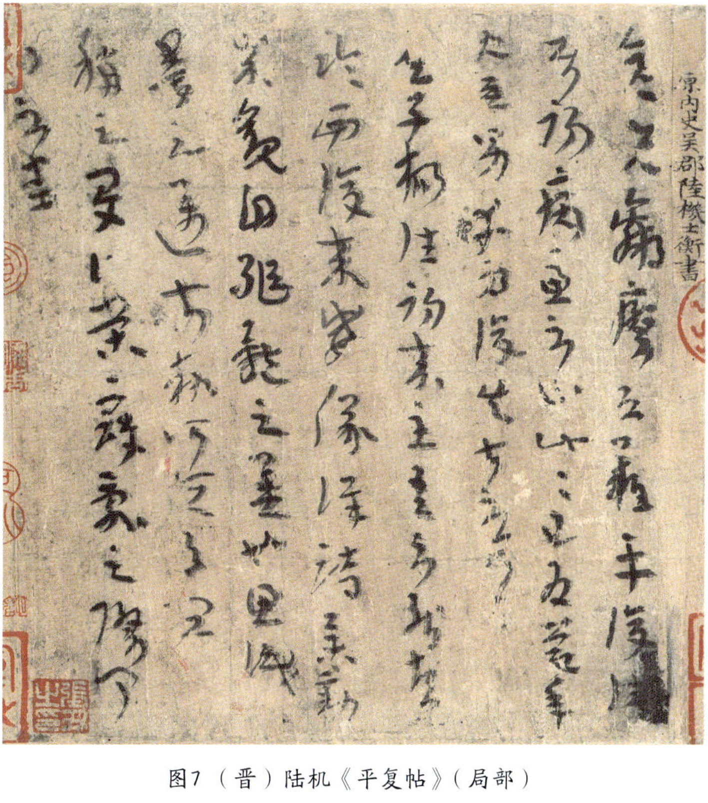

图7 （晋）陆机《平复帖》（局部）

图8　陆氏故里——小昆山

第九章

高处身寒

　　自从陆逊在石亭之战大败曹休，把孙权顺顺利利送上皇帝的宝座之后，从表面上看，他的人生进入了一个极其荣耀辉煌的顶峰阶段。但是，世间上的事，往往具有两面性。苏东坡的词就说得好："高处不胜寒。"在武昌"董督军国"的陆逊，当然是处在权力和地位的"高处"了。然而与此同时，他也开始进入人生当中一个不胜寒冷的艰难处境。

　　艰难处境之所以产生的原因，还不在陆逊的身上，而在孙权的身上。其中玄机何在呢？

　　中国古代不少具有雄才大略的开国君主，登基称尊之后，常常免不了要染上一种精神上的"病症"——刚愎自用。这也不难理解。经过千辛万苦的创业奋斗，终于战胜了一个个强劲的对手，取得至高无上的强势地位，自然而然会有骄傲和松弛的情绪萌生出来。一骄傲就不能认真自省，一松弛就不能严格自律，逆耳的忠言怎么还听得进呢？再说了，开创帝王之业，一般都要经历漫长的过程，所以开国君主登上九五之尊时，年龄已经相当大了。人上了年纪，性格多半要偏于固执。这样一来，从善如流更加难以办到。还有更要紧的一点，就是艰难创业之时，帝王名分未正，上下关系较为随便，创业君主不会在维护自己的尊严上过分加以计较和挑剔，所以比较容易听取逆耳的忠言。一旦建号称帝，至尊的威严体面，就显得重要之至。此时的君主，即便心中明白臣下的忠言说得非常有理，也很可能会坚持自己的错误看法以便维护自尊。总而言之，具有雄才大略的开国君主，一旦登上帝位，多半会犯刚愎自用的毛病，只不过是程度的轻重不同而已。

　　非常不幸的是，吴国的新皇帝孙权亦未能免俗。

　　还都建业之后，孙权进入虚岁五十的不惑之年。刚愎自用的毛病，在他身上渐渐显露出来：开始在治国理政的重大问题上，只喜欢听那些阿谀奉承的赞美之词，拒绝听那些正直无私的忠言进谏。但是，身为朝廷首席辅佐大臣的陆逊，对国家大事进行直言无隐的建议和进言，恰恰又是他首要职责的所在。这样一来，公忠为国的陆逊，就处于一种非常尴尬的状态：选择直言无隐，就会直接与皇帝陛下产生分歧，有损君主的尊严；选择闭口不言，又会对国家不利，严重违背他的价值观念和精神信仰。虽说是"进亦忧，退亦忧"，但是陆逊最终的抉择，还是以国事为重，采取直言无隐的态度，只是在词语上尽量委婉温顺，尽量不伤皇帝陛下的体面而已。

然而孙权却并不理解陆逊的苦心，依旧刚愎自用。一个具有代表性的重大事件，就是在处理辽东问题上，陆逊等一批朝臣的忠言进谏，遭到孙权的断然拒绝，结果导致孙吴遭到辽东割据者公孙渊的肆意侮辱，成为贻笑千古的大笑话。

现今的辽东半岛一带，西起辽河，北至辽阳、本溪，东抵鸭绿江东岸之地，南达旅顺口，这片广大地区在汉魏之际，属于幽州的辽东郡（治所在今辽宁省辽阳市）管辖。自汉献帝初年起，辽东郡即长期由当地大族公孙氏所控制。由于辽东远离中原，逐鹿群雄鞭长莫及，公孙氏乘机招兵买马，扩张地盘，掠地自雄。到了孙权称帝之时，辽东的掌权者乃是公孙渊。公孙渊拥有雄兵十万，表面上是曹魏的臣属，实际上完全不服曹魏的管辖节制，俨然是一个分庭抗礼的辽东王。

孙吴所在的江东，与辽东远隔沧海，波涛千里，孙吴何以会受到公孙渊的肆意侮辱呢？说起来话长。

原来，孙权还都建业之后，就想向北面扩张领土，于是与蜀汉丞相诸葛亮东西呼应，共同向北进取中原的曹魏。但是，他觉得此时有两个明显的不足，严重限制了自己军队作战能力的增强和提高。首先是兵员明显不足，其次是战马明显不足。兵员不足还可以去围取江南深山当中的山越居民，而战马不足就不大好办了。因为南方气候炎热潮湿，马匹产量不多，良种战马尤其缺少，这是先天性的缺陷，难以弥补。孙权虽然一言九鼎，却不能使南方的水牛产下马驹。想来想去，只有到盛产骏马的北方去交换这一途径可走。可是，现时北方的疆域，几乎都被敌国曹魏占有，曹魏哪里会把宝贵的战马，输送给现今已然变成敌人的孙吴呢？后来，孙权突然想到，辽东郡的太守公孙渊，此时和曹魏形同敌国，或许能和自己达成马匹的交易。于是，他立即吩咐有关部门，迅速作好渡海前往辽东的一切准备，等待出发命令。

在三国时期，孙吴的造船业十分发达，已经具有远海航行的能力。向南，孙吴的使臣曾经出访南海的扶南（今柬埔寨）、林邑（今越南南部）等上百个国家；向东，孙吴的万人船队，曾经到达夷洲（今台湾本岛），以及比夷洲更远的海域。因此，向北跨海两千里，驶向辽东，已经不是什么难事。其实，早在孙权还都建业之先，他已经派遣过两批使者到辽东去接触，只不过人数不多而已。当时，江东至辽东的航线，一般是由建业东下长江，出长江口之后，沿着海岸线一直向北，过了现今山东半岛的东端，便改取西北方向，直接驶向辽东半岛的沓渚（今辽宁省大连市旅顺口区）登陆，全程总计在两千里以上。

孙权嘉禾元年（232 年）三月，孙权命令将军周贺、校尉裴潜，率领精兵五千，乘坐大型海船上百艘，携带大批南方土特产和金银宝物，到辽东去交换骏马。

这年五月，周贺一行终于到达辽东的沓渚港口。这时，辽东太守公孙渊与曹魏的关系日趋紧张，精明狡猾的公孙渊，急欲找一个能给自己伸腰壮胆的大靠山，所以对周贺的船队热情接待，并且为对方的马匹贸易提供种种方便。当年九月，孙吴船队满载塞外骏马上千匹，以及貂皮、药材等辽东名产，启程回国。领队将军周贺与裴潜，见此行使命即将圆满完成，心中暗自高兴。在海涛之上漂泊了半年之久的士兵们，想到不久就可回转故乡，也都兴奋异常。数千将士之中，谁都不会想到等待他们的将是一场大灾难。

原来，那公孙渊与曹魏闹独立，魏明帝曹叡便命令殄夷将军田豫，率领青州的水军，从现今的山东半岛乘船越海，前去攻击辽东。不料这年九、十月间，海面风急浪高，渡海相当困难，曹军只得暂时放弃渡海进攻的军事计划。田豫其人足智多谋，他料定从辽东回国的孙吴船队，必定要靠岸停泊以避暴风，而停泊地点又很可能在今山东半岛最东端的成山角（今山东省荣成市东北）。于是，他在成山一带沿岸，埋伏大批兵马，准备来一个守株待兔。起初，田豫的部下都认为，在这空旷的海滨等待敌人自投罗网，未免有点异想天开，然而田豫却毫不动摇。

果不其然，十月初的一天，在滔滔海浪之上，一支船队径直向成山驶来。已经在海面上与风浪搏斗了好多天的孙吴将士，个个精疲力竭，巴不得早些停船上岸歇息休整。领队将军周贺的大船首先靠岸，他站在岸边的高地上，指挥陆续登陆的将士立营安顿。孙吴的水军还未完全上岸之际，忽然间，战鼓响起，早已等候多时的曹军如潮水一般从隐蔽处杀来。毫无防备的吴军慌忙列阵迎敌，可是平坦的海滩又没有险阻可资凭借，哪里经得住曹军的铁骑冲击。不到一个时辰，登岸的三四千吴军就全部被歼灭。殿后的副领队即校尉裴潜，此刻尚未登岸，他见大事不好，急忙率领残余的十余艘战船逃离成山。

这一年的年底，裴潜一行数百人，历尽千辛万苦后回到江东。孙权见此番辽东求马弄得人财两空，也觉得羞愧汗颜。但是，如果以为他刚愎之用的毛病从此彻底消除，那就大错特错了，因为三个月后，他又做出了一件更大的蠢事来。

当初公孙渊欢送周贺一行回转孙吴之际，为了进一步拉拢孙权，使其能替自己分担外部的压力，曾经派出特使宿舒、孙综二人，随同周贺的船队前往孙吴。宿舒和孙综二人的任务有二：其一是向孙权呈送公孙渊俯首称臣的表章，其二是探测孙吴国力的强弱。成山遇险时，宿、孙二人随裴潜在后，距离较远，所以得以侥幸逃生。当年年底，两位使臣来到建业，觐见孙权，献上表章。孙权展开一看，竟然是公孙渊要拿辽东之地归顺自己的降表，心想求马不成，却求到了辽东这一大片土地和数十万人众，不禁大喜过望，顿时把成山之败引起的烦恼忘得干干净净。当下吩咐设宴款待来使，席间，孙权询问了辽东的各方面情况，宿舒和孙综自然挑他爱听的说。直至深夜，宾主才尽欢而散。

此后一连数日，孙权都在反复研读公孙渊的表章，以至于其中一些表示忠心的煽情性词句，诸如"奉被敕诫，圣旨弥密，重纨累素，幽明备著"，"臣昼则讴吟，宵则发梦，终身诵之，志不知足"，"伏惟陛下，德不再出，时不世遇，是以偻偻，怀慕自纳，望远视险，有如近易"等等，都能随口背诵出来。是的，这些文句听起来真是令人陶醉。不过，孙权反复研读的目的尚不止此，他是在考虑如何利用此事，尽量捞取政治上的最大好处。

转眼之间，旧岁逝去，新年来临。在浓厚的喜庆气氛之中，吴国皇帝孙权向全境颁布了一道大赦诏令。在中国古代，每逢皇帝有什么大喜事，往往要"与民同乐"，而同乐的重要形式之一，就是大赦天下。

那么孙权此番大赦有什么由头呢，当然就是庆贺公孙渊的投诚归顺了。

于是乎，他在诏令中正式宣布，封拜公孙渊的官职和爵位为"持节督幽州、领青州牧、辽东太守、燕王"。其中，除了"辽东太守"是公孙渊此前已经享有的官职外，其余全都是孙权刚刚赏赐给他的。首先是"使持节督幽州"，即持有孙吴皇朝显示威权的节杖，有权指挥曹魏幽州全境的军队。其次，"领青州牧"，即兼任曹魏青州的州牧。最后的"燕王"，是孙权封给对方的爵位。辽东古为燕国辖地，孙权既已称帝，当然有权封王，所以赏给公孙渊一个燕王的爵位，这对公孙渊而言，是一个始料不及的巨大奖赏了。

　　不仅是升官晋爵，孙权还要派一支由若干高级官员带领的万人船队，带上大量的金银宝物，浩浩荡荡，跨海到辽东去给公孙渊授爵加冕。

　　消息传出，孙吴朝廷之中顿时哗然，文武大臣无不认为，这种夸张、奢靡的做法，实在是太过分了。

　　在满朝文武的劝阻之中，当然少不了陆逊的忠言进谏。大家一致认为，公孙渊为人狡猾，不可过于施加恩宠，最多派遣数百人员，护送其特使宿舒、孙综二人回转辽东足矣。但是，任凭群臣苦劝，孙权打定的主意却丝毫没有改变。

　　嘉禾二年（233年），暮春三月，江南草长，杂花生树，群莺乱飞。吴国皇帝孙权正式发布诏令，命令太常卿张弥、执金吾许晏、将军贺达和虞咨、中郎将万泰、校尉裴潜六人为特使，率领水军劲卒万人，海船二百艘，满载金宝货物，以及封拜王爵时必备的九种特殊赏赐品，即所谓的"九锡"，跨海前往辽东，举行封拜燕王的大典。这一使团规格之高（太常为朝廷九卿之一，执金吾相当于首都地区卫戍司令官），规模之大，不仅在孙吴是空前绝后，就是在整个三国时代也不多见。单是船上所载的金宝货物，就足足用了两天的时间才装运上船。船队在石头城（今江苏省南京市）外长江边的码头上，舳舻相接，绵延十里之遥。就连当年孙夫人远嫁荆州的刘备时，也不及此番的排场浩大。

万人船队趁着桃花水发，扬帆出海。两个月后，船队抵达辽东的沓渚。使团领队张弥、许晏，见辽东已有人在此热情迎接，大感放心。他们做梦也想不到，等待他们的并非笑容可掬的公孙渊，而是面目狰狞的死神。

原来，公孙渊去年派遣到孙吴称臣上表的两名特使宿舒、孙综，此次到达沓渚之后，他们借口说要先行报告公孙渊，以便安排一切，便径直上岸离去。三天之后，他们到达辽东郡太守的治所襄平县（今辽宁省辽阳市），见到公孙渊，报告了孙吴派遣使团的来意和使团组成情况。同时，还报告了三个多月中，他们对孙吴国情的详细观察结果。他们认为：由于海途遥远，孙吴不可能对辽东提供及时而强大的支援；而且在孙吴的高层内部，对于支持辽东大多不感兴趣，所以目前这种友好关系究竟能够维持多久，完全属于未知之数。狡猾多变的公孙渊，眼见孙吴不是长期可以依靠的理想后台，马上就生出杀人之心，他要借用孙吴使臣的头颅，去向曹魏施展缓兵之计。主意打定，他立即调兵遣将，伺机使出杀手。

这边的孙吴使团经过商议，决定将兵力分为两拨。一拨由张弥、许晏、万泰、裴潜四人，率五百精兵登岸，前往襄平举行封拜仪式，同时征购大批良马；人数较多的另一拨，则由贺达与虞咨二人统领，留在原地充当后援。将军贺达，其人机敏非常，当场提出登岸兵力太少，不足以应付突然事变，建议至少派出全军的半数即五千人。身为文职官员的张弥却认为，公孙渊本来诚意殷殷，派兵过多反而会引起他的疑心。贺达胳膊拧不过大腿，只好叹息作罢。

不数日，张弥等一行五百人，带着封拜诏书、王者冠服、符节玺绶及各种赏赐宝物，来到襄平，受到热烈欢迎。公孙渊举行酒宴款待后，将这五百人分为几处安歇。当晚半夜过后，这几处驻地皆被公孙渊的重兵包围。经过短时夜战，使团的负责官员张弥、许晏、万泰、裴潜全部丧生，其余将士或死或俘，无一逃脱。

紧接着，公孙渊麾下的骁将韩起，率铁骑五千，径奔沓渚而去。两天后的傍晚，这支劲旅即已抵达目的地，并且在吴军停船处北面不远的一片丛林中埋伏起来。

次日上午，公孙渊的首席幕僚柳远，领着一批人出现在孙吴船队的停泊地，说是奉公孙渊之命，携带礼品前来慰劳留守将士，请贺达、虞咨二位将军下船相见。不一会，又有一些老百姓模样的人，驱赶着百余匹骏马来在岸边，要求与吴军作交易。极其机警的贺达，见辽东的官员，竟然与老百姓几乎同时出现，顿时就起了疑心。于是，他和虞咨留在船上，只派数百人上岸接收礼物和交换马匹。柳远误以为贺、虞二人已然随众下船，便发出行动的暗号。霎时间，辽东铁骑如海浪一般从埋伏处涌来。登岸的吴军见势不妙，纷纷转身投海向船队游去。但是，仍然有三百余人来不及跳水逃命，被敌军马队如砍瓜切菜一般杀死。贺达在船上看得真真切切，急令各船作好作战准备。辽东军队也不下海来攻，只在岸边高声叫骂一个多时辰，即收军离去。

贺达从敌军的叫骂中，得知张弥等人已经丧生，又停船三天，想要等待幸存者回还。然而三天之中，不见任何人的踪影，只好升帆启程，回转江东复命。

在襄平那边，公孙渊把张弥、许晏、万泰、裴潜四人的首级，装入匣中，连同孙权送来的诏令、冠服、玺绶等物，一并派专使送往曹魏的都城洛阳。同时，还呈上一通长长的表忠报捷表章。在表章中，公孙渊对曹魏皇帝大表忠心不说，还不惜耗费笔墨，把孙吴皇帝孙权狠狠挖苦嘲笑一番。

不到一个月，公孙渊的厚礼和表章送到洛阳。曹魏君臣对公孙渊的甜言蜜语并不相信，但是，对于孙吴的出乖露丑却大为开心，准备重重奖赏公孙渊一番。而孙吴设在洛阳的耳目，迅速将这一消息传回江东。

时值炎夏，东南风急。逆风南下的贺达船队，几乎花了三个月的时间才回到建业。早在一个月前，孙权即从洛阳送回的情报中，得知公孙渊翻脸下毒手的消息，他还以为这是曹魏故意放出的谣言，不肯相信。而今贺达一行狼狈逃回，证实这一切确非虚妄，孙权才知道比自己小二十多岁的公孙渊，竟然让自己上了一个大当，不禁气得四肢发颤，七窍生烟，大骂道："我年近六十，世间的磨难，哪一样没有经受过？万万没有想到如今竟栽在一个黄毛孺子的手上，实在是气愤难平！我要不亲手砍下公孙渊的脑袋，还有什么脸面君临天下！哪怕因此丢了江山，我也决不后悔！"

于是，孙权立即下达动员令，要亲率十万水军，跨海讨伐公孙渊。

孙吴群臣见孙权不惜一切代价，要孤注一掷兴兵雪耻，急忙上奏劝阻。其中，最为理端辞切的上奏，共有三封，上奏者就是上大将军陆逊、选曹尚书陆瑁这两兄弟，再加一位尚书仆射薛综。

陆逊的上奏全文，记载在《三国志·陆逊传》中，值得一读。

渊凭险恃固，拘留大使，名马不献，实可仇忿！蛮夷猾夏，未染王化；鸟窜荒裔，拒逆王师。

> 至令陛下爰赫斯怒，欲劳万乘泛轻越海，不虑其
> 危而涉不测。

这是开宗明义第一段，说明事情的起因和严重性——公孙渊凭借辽东险要坚固的防御，扣留我国的大使，也不贡献当地的骏马，确实应当仇恨他。他们这些侵扰中原的少数族，从未受到中央王朝的教化；像野鸟一样流窜在边荒地区，抗拒天子派出的军队。以至于使陛下勃然震怒，想以天子之尊乘坐轻舟越过大海去征讨，不考虑自身危险而走向结果难以预测的境地。

> 方今天下云扰，群雄虎争，英豪踊跃，张声
> 大视。陛下以神武之姿，诞膺期运；破操乌林，
> 败备西陵，擒羽荆州。斯三虏者，当世雄杰，皆
> 摧其锋。圣化所绥，万里草偃；方荡平华夏，总
> 一大猷。今不忍小忿，而发雷霆之怒；违垂堂之
> 戒，轻万乘之重，此臣之所惑也。

第二段点明当今的复杂形势和首要任务，以及自己的担忧——如今天下动荡，群雄像猛虎一样相互争夺；英豪踊跃

活动，声音高昂，虎视眈眈。陛下具有非凡的军事天才，顺
应天运而降生人间；在乌林击破曹操，在西陵打败刘备，在
荆州擒杀关羽。这三个敌人都是当代的枭雄豪杰，然而陛下
全部摧垮了他们的锋芒。您圣明教化所安抚的地区，方圆上
万里的民众无不归心；您正在着手扫平中原，以求实现统一
天下的宏大谋划。可是现今陛下您却不能忍下小小的愤恨，
大发雷霆之怒；违背古人'有钱人家子弟不坐在屋檐正下方'
的告诫，不重视天子的尊贵：这是让微臣深感迷惑不解的
事情。

> 臣闻志行万里者，不中道而辍足；图四海者，
> 匪怀细以害大。强寇在境，荒服未庭；陛下乘桴
> 远征，必致窥窬；感至而忧，悔之无及。若使大
> 事时捷，则渊不讨自服；今乃远惜辽东众之与马，
> 奈何独欲捐江东万安之本业而不惜乎？

第三段进一步从外部和内部分析形势，说明孙权如果执
意要亲征辽东的话，将会产生何种极其严重的后果——为臣
听说有志行走万里的人，不会在中途停下脚步；有志谋取天
下的人，不会费心去想琐细问题以损害大事。而今北方的强

敌曹魏陈兵边境，我们国内边远地区还有不服从的叛乱分子；陛下一旦乘船远征，这些敌人必定要伺机侵犯；灾祸到来时再来担忧，那就后悔不及了。如果我们的统一大业及时取得成功，那么公孙渊不用讨伐也会自己前来降服；现今陛下可惜远方辽东的人口和马匹，为何偏偏要抛弃江东万分安全的根本基业而毫不可惜呢？

乞息六师，以威大虏；早定中夏，垂耀将来！

最后用四句话作出明确的请求——微臣请求陛下停止出动大军，以便威慑真正的强大敌人曹魏；让我们早日平定中原，使光辉照耀未来。

事实上，所谓渡海亲征，乃是孙权正在盛怒之中说出来的一种气话，更是掩饰他羞惭之心的一块遮羞布。稍过几天有所冷静之后，面对陆逊这封理据充分的上奏，孙权也觉得渡海亲征并不明智，而且能否获得胜算完全没有把握。陆逊等朝廷群公的一再苦谏，正好给他一个走下台阶的机会。于是，孙权宣布：俯允群臣之言，暂不征伐辽东。一场突发的巨大风波，到此才算告一段落。

但是，辽东之辱给孙权造成的精神创伤实在太大了，很难在短时间内彻底平复。在其内心深处，好像总有一个声音在不断提醒他：你的威信已经扫地了，朝廷大臣会在暗中耻笑你。这种持续性的猜疑，必然会影响到彼此之间的信任。于是乎，孙吴的君臣之间，特别是孙权与陆逊之间，开始产生越来越大的嫌隙，不再如同以前那样和谐同心了。这正是：

取辱辽东成笑柄，君臣从此失同心。

要想知道在君臣失和的政治大背景之下，陆逊身上又会发生什么样的曲折故事，请看下文分解。

第十章
君臣失和

自从取辱辽东以后，坐在皇帝宝座上的孙权一直在考虑，究竟采取何种措施来监视臣僚的言行，以便重新恢复自己至高无上的君主权威。

在中国古代历史上，具有雄才大略的君主，特别是开国之君，总会注意强化自己手中的权柄，不使大权旁落。为了达到这一目的，句践赐文种自尽，刘邦诱捕韩信，结果使"高鸟尽，良弓藏；狡兔死，走狗烹"成为世人皆知的名言。不过，藏弓和烹狗，大抵总是要等到鸟尽、兔死之后才会出现的。而此时的孙权，虽说已经登上九五之尊，然而只是当时称帝三方当中的一方，距离"席卷天下，包举宇内，囊括四海"的雄伟目标还远得很，他却迫不及待地要收紧"走狗"颈上的套索，这就显得很与众不同。可见在辽东问题上栽的这个大跟斗，对孙权精神上的打击和损害实在是太大了。

嘉禾六年（237 年）的初春，建业皇宫御花园内，又是梅花争艳竞芳的美景呈现。孙权独坐芳林之中时，思考问题往往会有意外的灵感。这一次，他在御花园中徘徊了多日，苦苦思索如何重新恢复自己至尊权威的措施。他的思维逻辑是：自己至尊权威之所以受损，是因为臣僚劝谏的正确，与自己决断的失误，两者形成了鲜明的对比。但是，你们这批大臣又不是神仙，难道就能做到每件公务都处理得无比正确吗？如果能够把你们现今在公务处理上的失误，一件一件地挑出来，而且公诸于世，让你们也遭受一番颜面扫地的巨大耻辱，那么你们正确而朕失误的鲜明对比，一下子就会消失得干干净净，朕的至尊权威，岂不是就能重新恢复了吗？

主意打定，他迅速采取了一项非常的措施。这项措施，只用四个字即可概括，就是"中书校事"。

当时所谓的"中书"，即宫廷之中的秘书，也就是皇帝身边的机要文书办理人员。至于"校事"，即检查监督军政公务事项之意。孙权从自己身边的侍从人员中，选择了两个忠心耿耿而且精明干练者，一个叫作吕壹，另一个叫作秦博，出任中书的职务。他们两人的官位级别不高，实权却极大，大到有权检查朝廷当中，任何一个军政机构的来往文书，任何一位大臣在公务文书处理上的瑕疵失误。说白了，他俩就是吴国皇帝孙权，从皇宫当中放出来的两条恶狗，"不法"臣僚固然要被他们咬得全身血肉模糊，守法臣僚见了他们也会胆战心惊。这吕、秦二人，论出身家世极其寒微，论身份地位不过是供驱使的贱役，论功绩更无丝毫可以书之于竹帛之事，全仗着皇上的青睐，竟然可以在将相大臣头上作威作福一番，他们当然感激涕零，立即遵照皇上的指示，动手大干起来。

其实，设置校事官的发明权，并不属于孙权而属于曹操。曹操其人生性多疑，又崛起于乱世，所以在控制汉室的朝廷大政后，便设立校事之官以监视百僚。充任校事者，多为出身微贱而一心邀功的小人。之所以如此，一是正派的贤人君子，耻为这种刺探一切的鹰犬；二是此类人物毫无社会基础，必要时又非常容易抛弃撤换。后来明代设立东厂、西厂，即是从这里学到的招数。不过，曹操崇尚法家，素来以权术驾驭臣下，他设立校事不足为奇。孙权在以往的艰苦创业生涯中，在举贤任能和知人善任上，真可谓不遗余力，唯恐做得不够尽善尽美。如今，他竟然要去拾曹孟德的牙慧，如同防备盗贼一般，提防和挑剔自己的臣下，这不仅令人惊讶，而且深感可悲了。

俗话说，小人得志便猖狂。吕壹和秦博二人一旦开始校事，孙吴的将相百官，马上领教到他们的厉害。用陈寿《三国志》中的话来形容，就是"举罪纠奸，纤介必闻，重以深案丑诬，毁短大臣，排陷无辜"。意思是说，他俩打起举报罪过、纠察奸邪的旗号，十分微小的事情也要向上举报，然后想方设法寻找法律条文，以便把人从无罪定为有罪，从小罪定为大罪，诋毁攻击大臣，排斥陷害无辜。

一时间，孙吴的朝廷上下，京城内外，一片恐怖气氛弥漫，人人自危。在深宫之中冷眼注视着事态发展的孙权，一方面为两名校事的忠诚尽职而感到异常的高兴，另一方面又觉得他们遍地开花，在对象上毫无侧重，并未完全领会自己心中的意图。于是，他略作暗示，吕壹和秦博二人心领神会，立即将视线集中在几个重点人物的身上来。

他们从皇帝所在的首都建业开始查起。有幸受到重点"关注"的第一位大臣，乃是伴随孙权在建业的左右手，身为丞相的顾雍。

顾雍，字元叹，出自江东土著吴郡吴县（今江苏省苏州市）顾氏。吴县顾氏，与同县的陆逊家族一样，都是江东的名门望族，自汉代以降，世代簪缨，衣冠不绝。直至一千多年后的明、清两朝，顾氏还有著名人物出现。例如明代东林党人首领顾宪成兄弟，就出自顾氏的无锡旁支；而清代初年喊出"天下兴亡，匹夫有责"这一振聋发聩口号的大学者顾炎武，原本也是出自吴郡顾氏，其故居和墓园，就在现今江苏省昆山市的千灯镇。

顾雍其人，清心寡欲，举止安详，居官正派谨慎。从下面的故事即可约略想见他的气度涵养。一日，他在府邸款待僚属，酒宴之后与人纹枰对坐，从容作黑白围棋之戏，其他人则在旁静观。那时候，下围棋是一项时尚娱乐，流行于孙吴的上流社会。就在双方劫杀方酣之时，一个老家人急急忙忙走过来，递给顾雍一封快信。他一看信封，信件来自长子顾邵担任太守的豫章郡（治所在今江西省南昌市），然而所写文字又不是顾邵本人的笔迹，心中顿时有一种不祥之感。再抬头看那老家人，脸上难掩悲戚之色，顾雍立即明白儿子很可能遇到了不幸。但是，他没有惊动宾客，继续落子对弈。为了抑制内心的悲痛，他的左手大拇指一直掐着掌心。直到宾客尽欢而散后，他才拆信阅读，果然是儿子突然病故的噩耗，而此时他的左掌已被掐破，暗中沁出了鲜血。

　　由于顾雍的举止稳重，受人敬仰，所以孙权在黄武四年（225年）选择第二任丞相时，不用呼声甚高的元老张昭，而特意挑选了顾雍。顾雍任职丞相十二年来，办事谨慎，用人公正。他经常私访民间，以便制定正确的政务方针。凡有建议，必定先行悄悄报告孙权：如果孙权采用而且行之有效，则归功于皇上，绝不自我吹嘘；如果孙权置之不用，他也始终不向外张扬，发泄不满。

　　对于顾雍的才德，孙权以往一直是敬重之至的。可是而今，孙权忽然对顾雍心生不满起来。吕壹揣摩到皇上之意，无中生有捏造出种种罪名安在顾雍头上，去向孙权举报邀功。孙权得到报告，大为震怒，竟至于在朝堂之上，一次又一次严厉责备顾雍。高踞帝座的孙权，看着丞相惶恐而百僚战栗的情景，心中不禁升起一种欣快之感。顾雍万般无奈之余，只得告罪离职在家，等待孙权的发落。人们纷纷议论：顾公的职位将要保不住了。

　　吕壹二人查了建业，又开始杀往上游的武昌。在这里，他们首先对准了陆逊。把历年来陆逊亲手处理的公文，一件件从头查起，挑毛病，提问题，气焰嚣张，咄咄逼人。看着吕壹那骄横无理、故意挑剔的丑恶嘴脸，陆逊真是悲愤至极。不是考虑到对方属于皇上派来的特使，他早就要拔刀收取吕壹的性命了。

武昌另一个被审查的对象，是太常卿潘濬。潘濬，字承明，武陵郡汉寿县（今湖南省常德市东北）人氏，他是荆州本地很有社会影响力的著名人物，原先是荆州牧刘表的部下。刘备攻占荆州的南部，潘濬又成为刘备手下的要员。孙权袭杀关羽兼并上游，亲自赶往潘濬的府邸，礼聘他出任荆州州政府要员。此后，又为次子孙虑，娶潘濬之女为妻。潘濬受到如此厚爱，自然为孙权效忠尽力。荆州局势的迅速稳定，潘濬在其间起了很大的作用。潘濬的姨兄，即是蜀汉的大臣蒋琬。一次，有人向孙权告发，说是潘濬暗中与蒋琬联络，准备从荆州逃奔蜀汉。孙权莞尔一笑，当即把告发者免职，还给潘濬送去告密信的原件，以示信任。孙权还都建业，即以潘濬担任陆逊的副手，一同镇守武昌。然而对于这样一位长期受到信任的亲家兼重臣，孙权却突然不放心起来。吕壹至武昌，潘濬也一并受到审查。弄得潘濬和陆逊一谈到彼此的遭遇，两人就忍不住愤激万分，涕泪横流。

以上的顾雍、陆逊、潘濬三人，虽说同样都遭到苛刻的审查，但是实际上的第一号重点人物，却非陆逊莫属。

首先，就手中掌控的实权而论，陆逊明显要超过顾雍。顾雍所担任的丞相，虽然从当时朝廷大臣通常的排位顺序上，要居于首席之尊，然而此时的实权却并不大，只是就近对皇帝孙权建言献策而已。最为关键的是，顾雍所担任的丞相只是文职，并不掌控军权。而是否掌控军权，则是衡量当时一位实权大臣的重要指标。陆逊所掌控的权力，上面已经有所介绍，归纳起来是"董督军国"四个字，细分起来至少包括如下的关键性权力：一是对武昌皇太子和诸位皇子的辅导之权；二是对武昌中央行政机构的监督之权；三是对荆州等处地方政府的行政之权；四是对荆州上游各地军队的指挥之权。

其次，就以上三位大臣的相互关系而论，也是以陆逊为中心。陆逊与顾雍、潘濬都有密切关系，而顾雍与潘濬之间，却没有什么交集。潘濬是陆逊的副手，两人同心同德，忧国奉公，是相互钦敬的一对好同僚，他们的关系比较简单。而顾雍与陆逊之间，关系就要复杂得多了。第一层，两人是小同乡的关系。陆氏家族和顾氏家族，都是吴郡吴县的高门望族。同县的小老乡，情谊还要更加深厚一点。第二层，两人又是世代的姻亲关系。比如，顾雍的妻子，就是陆逊叔祖父陆康的女儿，所以陆康的儿子陆绩，乃是顾雍的妻弟，顾雍的大儿子顾邵，则把陆绩叫作舅父。至于比陆绩还要低一辈的陆逊，则要尊称顾雍为姻伯了。另外，顾邵的妻子，也是孙策的宝贝女儿，所以同样娶了孙策之女为妻的陆逊，与顾邵又是后世所说的"连襟"，顾邵的儿子顾谭、顾承，则把陆逊、陆瑁两兄弟叫作舅父。

最后还有很重要的一点，就是以朝廷大臣对军国大事的忠言进谏而论，也是陆逊进谏的次数最多，而且进谏的意见总是很正确，这在史书当中都有明确的记载。换言之，从臣僚正确而孙权失误的鲜明对比来看，臣僚之中起到首要作用者，也非陆逊莫属。所以现今要在被审查的臣僚之中抓典型的话，不抓陆逊还能抓谁呢？

话说吕壹在武昌，把陆逊连同潘濬搞得激愤万分，涕泪横流。殊不知天下之事，搞坏容易搞好难。经过多少年的不懈努力，孙吴的政局才算形成君臣契合、同心同德的兴旺发达局面。然而经过中书校事这么一番大折腾，不过一两年间的光景，便把以陆逊为首的忠贞大臣们，变成一群闭口噤声的寒蝉。朝堂之上，再也听不到谠言正论，只有众口一词的唯诺之声。孙权个人的尊严似乎保住了，然而孙吴兴旺发达的政治局面，却是从此一去不复返了。

群臣无言，有如万马齐喑。孙权虽有一种寂寥孤独之感，同时又觉得相当满足，因为耳边已经无人再来唠叨聒噪，从此可以清静安宁。可是没有过多久，他才知道大谬不然。

首先是皇太子孙登，看不过吕壹的作威作福和陷害无辜，一而再，再而三地进言，请父皇不要再坚持推行中书校事。朝廷群臣见皇太子带头主持正义，勇敢进言，立即纷纷响应。他们采取了两种有效的办法，来对付奸恶的吕壹。

一种是采取"以其人之道，还治其人之身"的策略，走正规的程序，四处搜集吕壹本人在校事过程中，贪赃枉法、欺上瞒下、假传圣旨之类的确凿罪证，向孙权呈送表章公开揭发。

另一种是不走正规程序，在陆逊的暗中支持之下，由潘濬亲身东下建业，面见孙权揭发吕壹，同时等待时机，准备对吕壹采取非常行动，一举铲除，以清君侧。

赤乌元年（238年）的初夏，潘濬率领心腹亲信数十人，从武昌扬帆而下，抵达建业。安顿之后，潘濬随即多次进宫谒见孙权。每次除了报告荆州下游军政要务的处理情况外，还必定要揭发吕壹以权谋私的种种犯罪劣迹。由于事实确凿，性质恶劣，以至于孙权竟然无法为吕壹辩解和开脱。

第一步的铺垫工作做好之后，潘濬便开始在自己的官邸筹办一次盛大宴会，遍请京华要员。他的计划是，也请吕壹前来赴宴，酒酣之时故意与之挑起争执，然后以酒醉发怒为由，当场拔剑将其杀死。

　　到了宴会举行的这一天，潘府门前车水马龙，府中冠盖云集，好不热闹。那吕壹毫不知情，乘着高车驷马，神气十足地驰往潘府。当他抵达潘府门前，正欲下车之际，忽然从车窗缝中掉入一个小纸团。狡黠异常的吕壹，急忙拾起展开一看，只见上面只字全无，仅画了一柄短刃。他脸色骤变，便向随来的侍从吩咐几句，然后让座车掉头转弯，循原路逃走。那骑马的侍从向潘府的接待人员说了两句"吕大人旧疾突发，恕不叨扰"之后，也匆匆追随车辆驰去。

　　究竟是何人向吕壹通风报信，使得他未能变成刀下之鬼呢？

　　原来，吕壹为了刺探大臣们的隐私，以便罗织罪名，便以重金在大臣们的家中收买耳目，要他们提供情报。潘府中的一名管事，就这样成为吕壹的坐探。刚才那张画有短刃的纸条，即是此人趁门外车马拥挤之机，悄悄塞进吕壹车内的。

　　潘濬得知吕壹临门而又溜走，恨得咬牙切齿，可是宴会还得照旧进行。这边吕壹侥幸逃离险地后，心里越想越害怕：今天算我福大命大，没有死成，可是这潘濬住在京城，往后说不定哪天又要撞着他，仍然是死路一条。想来想去，他决定不回家了，径自奔往皇宫去见靠山孙权告状。

这几日的孙权也心绪不宁，一直在考虑如何应付臣僚对中书校事的反感和揭发。使孙权大伤脑筋的有两点：其一是吕壹确实瞒着自己以权谋私，罪恶昭彰，无可掩饰。虽然自己明知臣僚攻击吕壹，暗含着对自己举措之不满，然而却不好加以驳斥。其二则是镇守武昌的潘濬，竟然东下建业，公开加入了反吕的群体。显然，他不是一个人，他的背后还站着陆逊。陆逊不仅握有上游半壁河山的实际主宰权，而且又和总领建业朝政的丞相顾雍，还是同乡再加亲家，关系密切得非同寻常。此事如果处理不慎，或许将激起政坛上的巨大变故。孙权感到，这是他统事以来，内部政务中最为棘手的事情之一了。

听了吕壹的流泪诉说，孙权暗自吃了一惊。潘濬如若真的敢对吕壹下杀手，那就说明这些执政大臣，已经横下一条心要反抗一番。果真走到这一步，局面就会难以收拾。当初设置中书校事，本意在于让臣下闭上嘴，而今逼得他们竟然想动起手来，这倒有些不妙了。想动手当然是藐视君上的行为，因为无论吕壹如何违法，总还是朕亲自派出的特使。不过，陆逊目前握权太重，还不能把他怎么样，这笔账留待以后再算。现今之计，只有自己主动先退一步，稳住局面再说。

主意打定，孙权冷冷地对吕壹说道："你先回去罢！"

吕壹看皇上脸色阴沉，不敢久留，只得拜辞离去。孙权注视着他渐渐远去的背影，自言自语道："我只有效法曹孟德的故伎，借你的头颅一用了。"

原来，曹操此前有一次出征，军粮出现严重匮乏，曹操悄悄召来负责军粮分配管理的官员，问他有何良策。这位官员说，可以改用小斗发粮，斗数不变而分量减少，就可以多支持几天。曹操拍手称善。过了一阵，军中传言曹操以小斗骗人，军心浮动不稳。曹操又召来那位官员，说要借他一件东西，用以平息将士的不满。这件东西，就是那位官员的头颅。曹操还在砍下的人头上，附上一张写有"行小斛，盗官谷"的字条，意思是此人瞒着上司自行改用小斗，目的是想盗窃官方的粮食私自吞没贪污，然后挂在大营门口示众。将士见后，都说曹操执法严明，却不知那个官员竟然是冤死鬼。如今的孙权，也想用同样的手段来平息朝廷大臣的不满，吕壹算是在劫难逃了。

次日早朝，文武百官，齐集朝堂。皇帝孙权升座后，严肃宣布：中书校事吕壹等人，公然收受贿赂，陷害无辜，罪行累累，朝野侧目，着即撤职查办，不得姑息！群臣闻言，都怀疑自己的耳朵是否听错了，竟然好一阵寂静无声。等到大家反应过来，朝堂里便是一片"至尊圣明"的赞颂声回荡不绝。

按照当时的制度，官员触犯刑律，是由廷尉负责审理。廷尉是朝廷九卿之一，职掌司法，犹如后世的最高法院院长。廷尉不仅有下属的办事机构，而且有特别的监狱收容犯人。孙权的旨意一宣布，廷尉闻风而动，立即率人把吕壹等一干人犯，抓进监狱等待审理。就在廷尉将罪证搜集归总，准备开始提审吕壹之际，皇帝忽然下了一道谕旨：鉴于此案的案情特别重大，着由首席文臣即丞相顾雍，亲自负责担任主审，而廷尉则担当辅助审理的职责。

这道非同寻常的谕旨，不仅使跃跃欲试的廷尉感到沮丧，而且也使丞相顾雍本人感到非常意外。因为丞相的本职，是总领朝政，协调百官，并不具体负责司法；再说罪犯吕壹的官阶品位并不高，而且罪证确凿，廷尉完全有资格，也有能力对其审理定罪，何须劳烦丞相出面呢？经过一番冷静的思索，顾雍终于悟出了孙权此举的深沉用心。

吕壹下狱，朝廷群臣无不拍手称快。往日受吕壹残害最深的人，更是额手称庆，连呼苍天有眼。他们认定，吕壹此番必死无疑。但是，如果只是给他一个斩首示众的惩处，那也就太便宜他了。要让他死得痛，死得苦，死得慢，死得惨，方能解心头之恨。于是，这些人纷纷向孙权上言，要求对吕壹施以火焚或车裂之酷刑。用火把人活活烧死，这种酷刑的发明者是迷恋妲己的商纣王，当时叫作"炮烙之刑"。至于用五辆马车，车后绳索分别套住人的头和四肢，然后向外拉扯，把人活活撕成几大块，这种"车裂之刑"出现在战国时代。善辩的苏秦、变法的商鞅，都曾亲身体会过车裂的痛苦滋味。不过两汉以来，儒学昌明，这两种酷刑都不合"仁人之心"，已经罕有使用了。如今又有人要求把这两种历史悠久的刑罚搬出来，而且附和者众，孙权颇感为难。说一千，道一万，吕壹终归是奉自己之命行事的。现今要平息众怒，借他的头颅一用也就够之足矣，火焚车裂，总觉得于心不忍。他怕廷尉会受到舆论左右，真的判处吕壹焚、裂之刑，到时候不好挽回，所以才改命顾雍主审。孙权深知顾雍生性平和，对人宽容，一贯不主张严刑峻法，再说顾雍又是吕壹一案的当事人，为了避免挟嫌报复的议论，也不好判决得太过分。总而言之，让吕壹死得痛快一点，这就是孙权特命丞相顾雍亲自审理吕壹一案的用心所在。

顾雍悟出天机之后，于是在审问吕壹时，一直和颜悦色，绝不采取常见的刑讯逼供手段。陪同审问的尚书郎怀叙，在吕壹对罪行百般狡赖之时，忍不住把吕壹痛骂一顿。事后顾雍还悄悄责备怀叙说："朝廷自有公正的法律来处置他，你又何必如此啊！"

临到结案之时，顾雍又温和地问吕壹道："你是否还有什么事要向亲属交待的呢？"

吕壹感激得直是跪地磕头。顾雍随即上奏皇帝：吕壹辜负陛下浩荡天恩，以权谋私，贪赃枉法，证据确凿，罪在不赦，请求批准施加大辟。所谓的"大辟"，说白了就是砍头。孙权当即俯允。次日凌晨，曾经骄横不可一世的吕壹，便一命呜呼。其他一干人犯，也受到应得的惩罚。于是，孙吴施行了两年多的中书校事制度，实际上就此废止了。

吕壹被诛杀，孙吴的将相大臣松了一口大气，皇帝孙权则松了一口小气。但是，如果以为君臣之间的失和状态从此就完全消除，不再存在，那就太天真了。为何这样说呢？有实际的情况为证。

此时的孙权，开始做出自我责备和深刻反省的姿态，企图以此来弥合君臣之间的裂痕。他特别从吕壹所供职的中书官署，挑选一位负责官员即中书郎，名叫袁礼，作为自己的全权代表，前往上游的荆州，去向驻守在各军事要塞的重量级将领们，一一进行诚恳的道歉，同时又请他们对当前朝廷的军政大事，坦率发表自己的意见，为皇帝提供建议和参考。

之所以要从吕壹所供职的中书官署选拔袁礼，明显带有为"中书校事"表示歉意的意味。

按照孙权的指示，袁礼最先拜访的重量级将领，有诸葛瑾、步骘、朱然、吕岱四位。然而根据袁礼后来对孙权的如实报告，这四位手握重兵的大将，一律都以自己乃是军人，并不负责民事行政的管理为由，拒绝对朝廷军政大事发表意见；而且又都把这方面的责任，推到陆逊、潘濬两人的身上。单就这四位而论，孙权做出的上述姿态，企图弥合君臣之间裂痕的举措，并没有获得任何实质性的结果。他在这四位身上所花的功夫，完全算是白费了。

袁礼接下来要拜访的两位人物，是此行的重点所在，就是在武昌的陆逊，以及他的副手潘濬。那么这二人的反应又是如何呢？

依然是根据袁礼后来对孙权的如实报告，陆逊和潘濬，对于袁礼代表孙权所做出道歉，那倒是认真听了；但是，对于袁礼对朝廷军政大事的意见征询，同样也是完全推了。二人不仅没有推心置腹地对政事进行建言，而且还流着眼泪，把自身处境的艰危恐怖，苦苦述说一番，心中的不安溢于言表。按照《三国志》中孙权的原话所述就是："泣涕恳恻，辞旨辛苦，至乃怀执危怖，有不自安之心。"

事实上，此时的陆、潘二人，流的既不是感激之泪，也不是恐惧之泪，而是一种激愤之泪。在这样一种心态之下，再就这两位重点人物而论，孙权做出的上述姿态，企图弥合君臣之间裂痕的举措，同样没有获得任何实质性的结果。他在这两位重点人物身上所花的功夫，也完全算是白费了。

满怀希望的孙权，从袁礼回来的报告中得知，诸大将都不愿对朝廷大政说出肺腑之言，气得下了一道诏书，公开责备臣僚。大意是说，人非圣哲，谁能无过？我已经向你们诚恳表示了歉意，你们还要我怎么样？希望你们好好学习"谏而不得，终谏不止"的管仲，随时进献你们的宝贵意见，好不好？这道充满怨气的诏书一下，包括陆逊在内的朝廷重臣，更是不会畅所欲言了。

就在这种君臣失和的情况下，另一个重大政治打击又接踵而来。赤乌四年（241年）五月，贤良正直的皇太子孙登不幸因病在建业去世，终年仅三十三岁。在武昌的陆逊得知噩耗，不禁悲恸万分，他来到孙登当初居住的太子宫，只见宫廷风光如昔，而往事也历历在目：

——太子生性喜欢打猎，然而打猎时绝不践踏老百姓农田中的庄稼，也绝不准许下属随从，去麻烦民众提供食物和房舍等等，完全具有仁慈爱民的贤主之风；

——太子的二弟孙虑不幸病故，太子得知父皇因为过度悲伤而饮食减少，立即启程前往建业探望，婉言劝解父皇，一片孝心苍天可鉴；

——太子又主动请求留在建业照顾父皇，还特别陈述理由，说是上游的武昌有陆逊镇守，而"陆逊忠勤，无所顾忧"，于是从此留在建业，太子对大臣的充分信任，又具有知人善任的英主之风；

——太子临终前，曾经给父皇呈上一封奏疏，其中特别希望父皇能够与朝廷大臣和谐相处，共商国是，还特别称赞说："陆逊忠勤于时，出身忧国，謇謇在公，有匪躬之节。"太子对自己的这种充分信任和高度知赏，更是令他感激万分。

但是，沉浸在悲痛中的陆逊，此时还不会想到，皇太子孙登的英年病逝，竟然会对自己的人生带来一场更大的变故，从而导致他最后在极度的悲愤之中，结束了自己的宝贵生命。这正是：

人生更大风波起，悲愤之中赴九泉。

要想知道皇太子孙登的英年早逝，为何会导致本书的主人公陆逊，竟然悲愤莫名，将星陨落，请看下文分解。

第十一章

悲愤归天

儒家经典《礼记》的《大学篇》上说:"身修而后家齐,家齐而后国治,国治而后天下平。"这一套"修齐治平"的理论,两千年来一直流传。但是,能够完成治国、平天下者,果真就能修身、齐家了吗? 答案是未必。

翻开"二十四史",那里边记载的盖世英主不在少数,他们治国、平天下的文治武功,可谓是显赫而辉煌。然而在修身、齐家方面,特别是在挑选继承人这一点上,他们当中不少人都是失败者。或者弄得父子反目,或者造成兄弟相残,阴谋诡计，剑影刀光，闹腾得不亦乐乎。秦始皇"振长策而御宇内"，却不能防止少子胡亥算计其兄扶苏；汉武帝"雄材大略"，却把自己好端端的太子刘据，逼得来逃亡民间，最后只得上吊自杀；唐太宗"功德兼隆，由汉以来未之有也"，却未能预料到太子李承乾与其四弟李泰会树党相攻，更未想到李承乾还想提前夺取老爸的位置。

　　何以这些威名显赫的英主能够治理一个大国，却不能和睦自己的一个小家？其中一条重要的原因，就是"寡人好色"。好色则多妻，多妻则多子，子嗣虽多，皇位的继承人却只能有一位，还能不争得头破血流吗？设若皇父本人再不讲正道和规矩，对某些皇子有所偏爱，众位妃嫔又纷纷为自家的爱子，去向皇帝施展那"倾城倾国"的妖媚手段，那么宫闱之争就更加热闹了。

　　就魏、蜀、吴三国的情况而论，在选择和确立继承人上最为平静顺利的，当数蜀国的刘备。这一方面是因为刘备的妃嫔和子嗣并不多，无人与太子刘禅竞争；另一方面则是因为有丞相诸葛亮兼任太子师傅，正气得到伸张，邪恶力量很难介入。魏国的曹操，最初是确立曹丕为太子，后来又想改立曹丕的老弟曹植。虽然引起一番兄弟相煎、燃其煮豆的悲情故事，总算没有在国家政局上造成太大的动荡，这属于稍差一等。唯有吴国的孙权，妃嫔和子嗣既多，本人后来又不讲嫡庶长幼之别，在毫无游戏规则可言的情况下，感情用事，随意胡来，结果在继承人的选择上，引发了激烈的争夺。斗争又从宫闱之内，滋延到宫外的朝廷大臣中间，弄得孙吴政局风波迭起，形势急转直下，难以收拾，属于三国之中最为差劲的。

如果说，上一章所述孙权、陆逊君臣失和的故事，还只限于"国事之争"的范围，那么本章所述陆逊悲愤归天的故事，则是从国事之争，扩大到了孙权的"家事之争"。国事之争还基本可以讲道理，家事之争则更多带有感情成分，只讲道理就很难行得通了。然而皇帝的家事，往往同时又是重大的国事，有关皇位继承人的问题尤其是如此，所以身为朝廷第一重臣的陆逊根本不能置身事外，毫不介入。而一旦介入皇帝的家事，皇帝又感情用事，不能保持理智采纳忠言的话，结果之糟糕可想而知。此前已经存在的君臣失和，再加上新出现的皇帝家事之争，两者搅和在一起，就把陆逊一步步逼上了死路。

其中的曲折故事，且听一一道来。

根据史书的明确记载，吴国皇帝孙权，膝下共有七子：长子登、次子虑、三子和、四子霸、五子奋、六子休、少子亮。这七个儿子大多不同母，关系已经生分。加之孙权称王、称帝以后，直到他临死的前一年，整整三十载，竟然没有名正言顺立过一个皇后。众位妃嫔之间没有嫡庶之分，各个子嗣之间也就没有尊卑之别。谁有办法讨得父皇的欢心，谁就有当上皇位继承人的可能，这就更加助长了子嗣们觊觎大位的野心。

赤乌四年（241年）五月，正直贤良的皇太子孙登病死，时年仅三十三岁。这孙登不仅正直贤良，而且深受孙权的喜爱，又与首辅大臣陆逊关系极好，对陆逊非常之信任，这在前面已经提到。如果孙登不是过早去世，自然就会顺利接班，他的老弟们也就无法掀起争夺皇位继承人的风浪，陆逊也就不会深度介入皇帝陛下的家事之争了。因此，孙登早死，对陆逊而言是巨大的不幸。

此时，孙权的次子孙虑，已经在孙登之前早死，第三子孙和不仅年龄最长，而且其母王夫人又深得孙权的宠爱，所以在赤乌五年（242年）正月，被孙权宣布立为皇太子。半年之后的八月间，孙权又宣布，将另一宠姬谢氏所生的第四子孙霸，册封为鲁王。

封建时代的帝王之家，照例是"母以子贵"。亲生儿子一旦被确立为皇太子，其生母的身份就会变得高贵起来，需要授予相应的名分。这样才能做到尊卑有别，礼仪有序。但是，当孙和被立为皇太子之后，孙权却又迟迟不将其生母王氏，提升到皇后的位置，从而造成皇宫之中多年没有皇后的诡异状况，用史书上的话来形容，就是"中宫虚旷"了。更令人奇怪的是，孙权对待太子孙和及鲁王孙霸，又都是同样的宠爱，同样的待遇。按照惯例，孙和被立为皇太子之后，就应当单独住在皇太子专门居住的太子宫，其他低一等的皇室亲王，比如鲁王孙霸，就应当住在另外的宫殿之中。然而孙权又不按常规来办，直接把孙和、孙霸两兄弟安置在同样一处宫殿中共同居住，毫无礼制上的尊卑之分。这样一来，老四鲁王孙霸，自然就暗中萌生出夺取三哥孙和皇太子位置的野心来。

迄至此时为止，陆逊还没有介入皇帝的家事之争。而他开始介入的时间，是他被任命为朝廷丞相之后。

赤乌六年（243 年）的十一月，担任了长达十九年丞相的顾雍，因病逝世，终年七十六岁。经过两个月的考虑，第二年即赤乌七年（244 年）的正月，孙权下达诏书，宣布任命陆逊为丞相。要想知道当时的任命文书是怎样的措辞和格式，这封诏书不可不读：

朕以不德，应期践运；王途未一，奸宄充路；

夙夜战惧，不遑鉴寐。

惟君天资聪睿，明德显融；统任上将，匡国
弼难。夫有超世之功者，必应光大之宠；怀文武
之才者，必荷社稷之重。昔伊尹隆汤，吕尚翼周；
内外之任，君实兼之。

今以君为丞相，使使持节守太常傅常授印绶。
君其茂昭明德，修乃懿绩；敬服王命，绥靖四方。
於乎！总司三事，以训群僚，可不敬与？君其勖
之！其州牧、都护、领武昌事，如故。

翻译成白话是这样：

朕没有德泽，顺应天命登上帝位；如今天下还未统一，
奸贼恶棍充斥于道路；所以朕日夜恐惧得战战兢兢，就连照
镜子梳洗和眯眼打盹的时间也没有。——开头这段话点明当
前的形势，也是当时皇帝诏书起笔开篇的常见套话。如果你
以为孙权真的认为自己没有德泽，真的恐惧得连照镜子梳洗
和眯眼打盹的时间也没有，那就被他骗过了。

想到您天资聪明睿智，光辉的德行显著长久；担任高级
将领统率大军，多次帮助国家消除祸难。凡是建立了超越世
人的功勋者，必定要承受光荣盛大的优宠；怀有文武两方面
才能者，必定要担当国家的重任。从前伊尹使商汤的事业兴

隆，吕尚统兵扶助周朝；这治理内政和对外用兵两方面的职责，您确实兼而有之。——这第二段进入主题，对陆逊的智慧、品德、功勋、才能，全面给予高度评价，从而为下面的任命奠定基础。

现今朕任命您为丞相，特派代理太常卿傅常，持有节杖，前来授给您丞相的印章、绶带。您要培养显示光辉的德行，建立美好的业绩；恭敬服从天子的命令，安定四方。您的任务是总领朝廷，训导百官，能不恭敬去办吗？您可要勉励自己呀！——这段是正式宣布任命，说明相应的就职程序，以及具体承担的任务，并给予勉励。

同时，您还依旧兼任荆州牧、右都护，兼管武昌的公务。——最后这一段，交代陆逊依然兼任的官职，以及依然监管的公务。

表面上看，这是一封非常荣光、非常尊宠的任命诏书。但是，如果细心观察，就会发现其中暗藏有玄机。什么玄机呢？用四个字来形容，就是"明升暗抑"。

所谓"明升"，是指表面上官职的晋升。陆逊此前担任的正式官职，是上文曾经介绍过的"上大将军"，比起朝廷百官之首的丞相来，在级别上要差那么一点点。所以从上大将军改任丞相，在表面上确实是一种晋升了。

所谓"暗抑"，是指对陆逊实权的抑制和缩减。首先，他的正式官职"上大将军"没有了，这就意味着他手中最为重要的军事指挥大权，将会大大缩减。鼎立对峙的魏、蜀、吴三国，其本质都是军事性的政权，都是依靠武力来立国，所以你在本国当中所掌控的军权大小，直接决定了你在本国的实力地位。陆逊此前所担任的"上大将军"，实际上就是孙吴军界首屈一指的主帅，名副其实的 Number One。其真正的含金量，其实要比丞相的分量更重。其次，陆逊原来所承担的辅佐太子职责，这一次没有再提到了。事实上，自从已故皇太子孙登主动请求留在建业，以便随时侍奉年迈父亲孙权以后，后来的皇太子孙和以及孙和的弟弟孙霸等，也都来到建业，而不在陆逊所在的武昌，所以没有再提辅佐皇太子的职责，也是形势使然。但是，从实权的含金量来看，也是一种实实在在的缩减。

从此后事情的发展来看，对于陆逊来说，这种"明升暗抑"并非什么好兆头。但是，公而忘私的陆逊，根本没有把这些个人得失放在心里，而是认认真真，开始履行起总领朝廷、训导百官的丞相职责来。

陆逊就职之后做的第一件事，是与朝廷重要大臣商议之后，形成一致的共识，并且立即向皇帝孙权上奏。他们的共识是：皇太子孙和是法定的皇位继承人，而鲁王孙霸只是皇室亲王之一，所以两者应当体现出"上下有序，礼秩宜异"的尊卑区别。孙权对于朝廷群公堂堂正正的意见，没有理由驳回，很快批复允准。于是，共同居住在一起的两兄弟，开始分开居住在各自的宫殿：孙和的太子宫与孙霸的鲁王宫，不仅各有各的地方，各有各的随从官僚；而且在规格和等级上，也显现出尊卑有别的礼仪制度来了。

从此，陆逊就开始介入皇帝孙权的"家事之争"，而且介入得越来越深，直到他魂归离恨天的那一刻。

两兄弟的待遇出现尊卑之别，这对有心觊觎皇位继承人位置的孙霸而言，自然最为不利，所以想方设法进行反击。颇有心机的孙霸，除了亲自竭力去争得父皇孙权的欢心之外，还寻找到一个得力助手来帮忙。这个助手不是外人，就是孙权的大女儿、身为长公主的孙鲁班。

孙权有两个宝贝女儿，长女名叫鲁班，次女名叫鲁育，均为步氏夫人所生。这步夫人不仅姿容美丽，而且宽厚容人，在后宫之中最受孙权的宠爱。可惜她所生的大女儿孙鲁班，却没有其母那样的好品行，竟是一个心胸狭窄、工于算计的角色。当初她见孙和之母王夫人，因生有儿子而大得宠幸，是自己母亲有力的竞争对象，不禁大为怨恨。孙和被立为皇太子后，虽然此时步夫人已经去世，但是孙鲁班依然深深忌恨孙和母子，要对其施放明枪暗箭。孙霸窥知这位异母姐姐的内心，便主动与之接近。二人一拍即合，决心联合起来对付孙和母子。

不久，孙鲁班就找到一个好机会：孙权因为过度纵欲，宠幸宫廷中两名年轻女奴姊妹，突然病倒床榻。皇上得病，急坏众人。孙和之母王夫人却面无忧色，她心想：你要是早点一命呜呼才好，我的儿就好当皇帝了。王氏是一个胸无城府之女性，心中所思，不免形诸神色。众人见她面有喜色，不禁都暗自皱眉。大公主孙鲁班看在眼里，立即记下她这第一条"罪状"。

此时孙权的病请，虽经名医调治，恢复仍很缓慢。不要看他贵为天子，他却一直相信那些怪力乱神。他见自己久卧床榻不能康复，就命皇太子孙和，到当时建业最出名的神庙——蒋山祠，前去求神赐福。

这蒋山原名叫作钟山，在建业城的东北，也就是现今南京市东北著名的风景名胜钟山。东汉末年，有个叫作蒋子文的军官，战死在钟山之下。其后民间传言，他的魂魄化作当地的土地神，人们便为之建立神祠进行祭祀求福，据说是屡有灵验。孙权称王之后，为了回避其曾祖孙钟的名讳，也为了求得蒋神爷的庇佑，就把"钟山"改名为"蒋山"，蒋子文的神祠也就叫作蒋山祠了。

孙和得到父皇的指示，不敢怠慢，马上率领太子东宫的一干官员，出城去蒋山祠祈福还愿。这日下午，孙和完事回城。途中，经过妃子张氏的叔父张休家，孙和因想到久未探望妃子的叔父，遂下车入内拜见张休。二人闲谈好一阵，孙和才告辞还宫。在东宫盥洗沐浴一番，又用罢晚膳，他这才进皇宫去回报父皇。

孙和一踏入父皇的寝宫，就觉得气氛不对，侍从见了他都只略微点头示意就匆匆离去，毫无言语。走进内室，行礼方毕，孙权忽然大发雷霆，痛责孙和不能恪守孝道，辜负了自己一片心血，骂得孙和跪伏在地，胆战心惊，半晌不敢言语。

孙权为何突发发怒？原来是大公主孙鲁班在背后煽阴风，点鬼火。太子孙和一出宫去蒋山，她就派了两名心腹下人随后打探其动态。所以孙和刚回到东宫，这边他的大姐已得知其全部行踪。她想：叫你去求神赐福，你还有闲心到张家去向妻叔献殷勤，这倒是收拾你的好机会。于是立即进宫来见父皇，密报孙和如何不以父皇病情为重，及时回宫复命，还顺便把王夫人在这段时间如何言笑自若、欣喜之情溢于言表的情况，添油加醋地描述一番。她走后不久，孙和姗姗来到，挨父亲一顿臭骂，当然是免不了的结果。

痛责孙和之后，孙权还不解气，次日又把孙和之母召来领受申斥。王夫人是一个没有什么主见之人，进宫将近二十年来一直承恩受宠，哪里受过些许指责，今天忽然被皇帝骂得狗血淋头，不禁又气又怕，当晚就自杀身亡。孙权没有料到她会走到这一步，顾念旧情，也有几分懊悔，连忙封锁消息，对外只说暴病而死，厚加安葬了结。

生母王夫人一死，皇太子孙和便显得势单力薄了。在鲁王宫中窥伺已久的孙霸，看到形势对自己有利，立即主动采取攻势，努力争取外援，在朝廷大臣中寻求自己的支持者。而朝廷大臣中的不少投机分子，也想趁势帮助孙霸夺取继承人的位置，以便在未来的政局更迭中捞取更大的好处。他们所采用的主要支持手段，就是派遣自己的子弟，前往鲁王孙霸的宫中充当侍从人员，为孙霸传播舆论，制造声势。与之相反，朝廷当中以陆逊为首的一批正派大臣，却能认真坚守原则，支持依法正式确定，并且已经公开昭告天下的皇太子孙和。于是，朝廷的大臣中，开始在政治上出现"选边站队"的现象。而陆逊与全琮两人关系的交恶，就是其中一个典型。

全琮，字子璜，吴郡钱唐县（今浙江省杭州市）人氏。他此时担任卫将军的高级军阶，统领重兵驻扎在长江南岸的军事要塞牛渚（今安徽省马鞍山市西南），是孙吴军界的重要将领之一。孙权的大女儿孙鲁班，最初嫁给周瑜的儿子周循为妻。周循英年早逝之后，孙鲁班又改嫁给全琮。由于孙鲁班与孙霸结为同党，所以全琮自然就成为孙霸的骨干支持者。孙霸努力争取外援，全琮有意派遣儿子，前往鲁王宫中去当孙霸的侍从。于是全琮就给陆逊写了一封信函，说了自己的想法，派专人送往武昌。

按理说，全琮乃是孙霸的姐夫，其驻地牛渚距离建业也很近，他要是真想这样做，以他的身份和地位，完全可以径自付诸行动，无须远到上游的武昌去征询他人的意见。他之所以这样做，其内心的真实意图，是想借此去试探陆逊的立场，看看能否把这位朝廷百僚之首的丞相陆逊，趁机争取到孙霸这一边来。不消说，全琮这个主意，应当是出自他那位工于心计的妻子孙鲁班。

陆逊接到全琮的来信，马上就洞悉了对方的意图。他立即在第一时间，从武昌给全琮发去回信。信中这样写道："如果子弟真正具有才能的话，不必担忧没有运用发挥的地方，不宜私下把他们派出去谋取名利。要是派出的子弟自身有问题，反而会在最终造成祸害。再者如今听说太子、鲁王两处势均力敌，必然会引起彼此之间的纷争，这就是古人深深忌讳的国家祸端了。"

全琮看了陆逊的回信，知道陆逊坚定支持太子孙和，自己的愿望落了空。他毫不理会陆逊的劝告，直接派遣次子全寄前往鲁王宫中，充当了孙霸的积极支持者。这实际上就代表了全琮本人和孙权的大公主孙鲁班，表明了政治上选边站队的明确立场。

在武昌的陆逊得知消息，立即又再写了一封信函给全琮，心中最为关键的内容，是如下的严重警告："卿不师日磾，而宿留阿寄，终为足下门户致祸矣！"此处陆逊提到的"日磾"，即西汉的大臣金日磾，他原本是匈奴休屠王的太子，武帝时归汉。昭帝即位，与霍光等同受遗诏辅政。他为人极其谨慎，其子在皇宫中长大后，因与宫女嬉戏，被他处死。陆逊以金日磾为借鉴进行警告，认为全琮没有效法金日磾的谨慎，而把儿子阿寄一直留在鲁王宫中，这终归要给全琮的家族招致祸患。

全琮接到来信，恼羞成怒，不予置理，从此与陆逊关系恶化，完全对立反目。一位是孙权的大女婿，军界的重量级将领卫将军；另一位是孙策的女婿，孙权的侄女婿，朝廷的首辅大臣丞相。这两位极具代表性的朝廷重臣，此时此刻各自选边站队，明确表明了自身的政治立场，其示范性作用之大，可想而知。于是乎，孙吴的文武大臣，出于种种不同的动机，或支持太子孙和，或拥护鲁王孙霸，迅速分成相互对立的两大派，史书把这种情况称为"二宫构争"，并且作出如下的生动描绘：

> 自侍御、宾客，造为二端，仇党疑贰，滋延大臣。丞相陆逊、大将军诸葛恪、太常顾谭、骠骑将军朱据、会稽太守滕胤、大都督施绩、尚书丁密等，奉礼而行，宗事太子；骠骑将军步骘、镇南将军吕岱、大司马全琮、左将军吕据、中书令孙弘等，附鲁王。中外官僚、将军、大臣，举国中分。

大意是说，自从太子宫、鲁王宫的侍从和宾客，两边进行造势，成为相互猜疑的两方之后，又开始蔓延到朝廷大臣之中；以陆逊为首的大臣，遵奉礼制，把太子孙和视为皇位的合法继承人；以步骘为首的大臣，则依附支持鲁王孙霸；朝廷内外的官员，领兵的将军和行政的文臣，整个国家的政治力量被分成了两大派。

支持太子孙和的大臣，其骨干成员是些什么人物呢？

史文首先列出的，就是本书的主人公陆逊。陆逊之所以支持孙和，主要原因有二。首先当然是道义上的考虑。孙和年龄居长，并无大过，既已立为太子，就不宜随便废除，形同儿戏。其次，也与陆逊的切身利益有关。原来，孙和嫡妃张氏的妹妹，就是陆逊之子陆抗的夫人。而她们两姐妹，乃是老臣张昭的孙女。所以孙和能否顺利当上皇帝，对于陆氏家族的未来前途而言，可谓关系重大。

排在陆逊之后的大将军诸葛恪，是诸葛亮大哥诸葛瑾之子。诸葛瑾的女儿，嫁给张昭之子张承为妻，生下两个女儿，一个嫁给孙和，另一个嫁给陆抗。所以就诸葛恪而论，既是孙和妻子的舅父，也是陆抗妻子的舅父，这就是他随同陆逊支持孙和的玄机所在。

接下来的太常卿顾谭，乃是已故丞相顾雍之孙儿。前面已经说过，顾氏与陆氏不仅是吴郡吴县的小同乡，而且还是世代姻亲。顾雍之子顾邵，与陆逊一样，都娶了孙策之女为妻，所以顾邵的儿子顾谭、顾承，乃是陆逊的外甥。顾谭随同舅父拥护太子，可谓顺理成章。

还有骠骑将军朱据。朱据的夫人，是孙权的小公主鲁育。

孙鲁育看不惯大姐孙鲁班对三弟孙和使坏，就和丈夫一起声援孙和。

　　除了以上四人外，其他支持太子者的积极程度和身份地位，又要逊色一筹，可以置之不论。

　　至于拥护鲁王孙霸的大臣，史文首先列出的是骠骑将军步骘。步骘与大公主孙鲁班的生母步夫人同宗。孙鲁班竭力拉拢他，让他出头支持孙霸。步骘见孙权颇有改立孙霸为太子之意，又深知孙权与陆逊的关系已经发生裂痕，觉得拥护孙霸很是有利可图，就欣然充当了鲁王派的首领。

　　列在步骘之后的实际副首领，就是卫将军全琮，即大公主孙鲁班的夫婿。在步骘和全琮的积极活动之下，镇南将军吕岱、左将军吕据、中书令孙弘等重要军政人物，都先后加入了鲁王派，形成一股与太子派勉强相当的对立势力。

　　对立的势力既已形成，双方的人员都想方设法通过各种途径，向皇帝孙权施加影响，弄得病体刚刚康复不久的孙权应接不暇，无所适从。但是，他很快就发现，支持太子的骨干人物，竟然多多少少都和当初吕壹校事那次政治斗争有关。丞相陆逊、太常卿顾谭的祖父顾雍，都是当时重点审查的对象。至于骠骑将军朱据，也曾被吕壹审查和治罪。孙权立刻警觉起来，心想：你们现今表面上是拥护太子，实际上是企图在将来控制太子，把持朝政。他立刻宣布禁令：太子宫、鲁王宫，全都禁止任何人员进入和外出；太子孙和、鲁王孙霸，都只能在宫中读书学习，不准外出，也不准与外人见面。

　　这道禁令看似公平，实际上对于已经被正式确定为继承人的孙和而言，却很不利。眼看太子孙和的地位出现动摇，陆逊焦急万分，立即向皇上呈送一封表章说：

　　　　太子正统，宜有盘石之固；鲁王藩臣，当使宠秩有差；彼此得所，上下获安。谨叩头流血以闻。

　　意思是说，太子属于正统的继承人，应当具有磐石一般坚固的地位；而鲁王只是藩屏皇室的臣僚，应当使其礼仪待遇有所差别；他们彼此得到应有的处所，国家上下才能获得安宁。微臣谨此磕头流血向陛下您进行报告。

　　但是，表章呈送上去，没有得到皇帝的任何回复。陆逊继续呈送了三四次表章，依然没有任何回应。深深感到失望的陆逊，又苦苦请求皇帝批准自己从武昌前往下游的建业，面见陛下，陈述自己的一腔忠言。然而陆逊万万没有想到，自己不仅没有等来皇帝的允准，而且还等来了一连串凶险的坏消息。

首先，是陆逊的外甥、太常卿顾谭连同其弟顾承，还有一位追随他们的官员姚信，三人全部被孙权撤职，流放到远方岭南的交州（主要地域在今广东省、海南省、广西壮族自治区），由当地官员严加管束，不得随意行动。后来，这两位顾家的贵公子都死在那瘴疠之地，作了他乡之鬼。

接着，太子孙和的首席辅导老师、身任太子太傅的吾粲，因为多次与陆逊通信往来，传递消息，被孙权丢监下狱，问罪处死。

还没有从惊愕之中清醒过来的陆逊本人，也开始大难临头。皇帝孙权亲自派出的宫廷特使，不断来到武昌，蛮横无理地斥责陆逊。此时的陆逊，正处于患病卧床休息之中。身为朝廷首辅的丞相，却受到这种无名之辈的恶声斥责，还不能有所辩解，真是悲愤之极。他自思数十年来，围取山越，助擒关羽，火烧刘备，伏击曹休，为大吴皇朝立下多少赫赫功勋。想当初，得胜凯旋之时，主上执鞭，百官致敬，赐以御盖，出入殿门，又受到何等的宠任。而今自己须发斑白，来日无多，君臣之间竟然出现了这样大的猜疑，再勉强活下去又有什么意义。于是，他断然拒绝回答问题，拒绝治疗疾病，拒绝进食起床。赤乌八年（245年）春二月初四日乙卯，威名远扬而且为官廉洁的陆逊，即在无限愤懑之中，含恨而死，时年六十三岁。

孙权此时敢于向陆逊施行严厉的打击，是因为力量的对比变化对他很有利。吕壹校事时，几乎所有臣僚都对校事不满，陆逊和顾雍又分掌将相大权，孤立的孙权不得不作出让步。而今，朝臣分为对立的两派，打击太子派，鲁王派自然要拍手欢迎，这就有近一半的人支持了。再说，顾雍已死，陆逊孤掌难鸣，而且陆逊至关重要的军权又被大大削减。孙权正是看准了这一点，所以断然举起了大棒。

陆逊死后，宫廷特使还奉命查抄了他的家产。然而大肆搜查的结果，却根本没有发现一丁点贪赃不法的证据。史书中的原始档案记录，只有金光闪闪的四个字："家无余财。"意思是家庭中完全没有任何超过合法收入的多余财产。

接下来倒霉的便是朱据。孙权对这位二姑爷不仅没有手下留情，反倒下手更狠。先是宣布将朱据贬到偏远之地，中途一道追魂诏书送到，大吴皇帝的女婿，立刻命丧黄泉。

丞相陆逊含恨归天，是孙吴政局走势的分水岭：兴旺发达的上升期就此结束，衰颓混乱的下坡路从此开始。暂时平息的继承人选之争，到孙权晚年将会再度上演，结果太子孙和被废黜，鲁王孙霸被赐死，年仅十岁的孙权小儿子孙亮，被推上了皇帝之位。更加激烈的血腥屠杀，随即不断在政坛上演，直至孙吴的灭亡。

在孙吴皇朝最后苟延残喘的期间，幸好陆逊之子陆抗，能够继承父亲的军事才干，成长为支撑国家的栋梁将领，这才使得孙吴政权在三国当中寿命最长，是最后才被西晋大军灭亡的政权。这正是：

亲人含恨归天去，自有英才接踵来。

要想知道陆逊之子陆抗，如何在突如其来的巨大打击之下，从容面对人生中一段极为艰难的考验阶段，请看下文分解。

第十二章

二代登台

　　汉晋时期长期存在的名门大族，之所以能够世代为官，在社会政治中占据特殊的优势，主要的凭借是两点：一是家族成员的数量众多，所以即便是经历了一再的改朝换代，频繁的社会动荡，无数的自然灾害之后，他们依然会有足够的后代子孙存留下来，而不会突然发生传承上的中断，因而消失无踪；另一点是家族成员的质量优秀，所以即便是前辈在政坛上遭受到了重大的打击，他们依然会有新的后辈能够跻身政坛，重新创造家族在政治上的辉煌。保持家族成员质量优秀的秘诀，又在于两点：即文化教育的重视和政坛规则的历练。

东汉后期的名门大族弘农杨氏、汝南袁氏，并称为"东京袁杨"；东晋时期的名门大族琅邪王氏、陈郡谢氏，则并称为"旧时王谢"：他们无不具有上面所说的两种突出特色。

汉晋时期的名门大族，又还主要集中在北方。比如上面所说的"东京袁杨"，其家乡就分别在弘农郡华阴县、汝南郡汝阳县，即今陕西省华阴市、河南省周口市；而所说的"旧时王谢"，其家乡就分别在琅邪郡临沂县、陈郡阳夏县，即今山东省临沂市、河南省太康县。可见四者全都出自北方。

但是，从三国时期起，历史舞台上也出现了南方名门大族的身影，吴郡吴县的陆氏家族就是其中佼佼者。尽管陆逊的悲愤归天，给这个家族造成了巨大的打击，但是，凭借家族成员的数量众多，凭借家族成员的质量优秀，他们依然显示出极其顽强的再生能力。陆逊的儿子陆抗，正是其家族中的第二代英才，并且充满自信地走上了孙吴的政坛，最后像他父亲一样，成为有力支撑孙吴政局的国家栋梁。

陆抗怎样从一个高官显贵的公子哥，成长为孙吴国家栋梁的呢？是靠吃父亲的老本，还是凭借自身努力来取得成功的呢？这对后世而言很有启示和借鉴的意义，所以需要好好说一说。

陆抗，字幼节，是陆逊的次子。因为大哥陆延早死，所以在孙权赤乌八年（245年）其父陆逊悲愤去世的时候，年仅二十二岁的他，就成为家庭中的顶梁柱，并且立即经受了一场突如其来的严峻考验。具体说来，严峻考验来自三方面。

第一方面，是如何迅速控制自己的情绪，从而稳定武昌复杂的政治局面。当时的武昌，相当于孙吴的第二首都，设有许多军政领导机构。因此，长期在此"董督军国"的陆逊，手下有一大批军政机构的下属。其中，单单是直属陆逊指挥的军队，就有五千精锐兵力之多。如上所述，陆逊是在遭受孙权恶意打击之下，悲愤含冤而死在武昌任上的。他的下属目睹这样的场景，自然会产生强烈的情绪反应，包括悲伤、遗憾，甚至是愤懑、不平。在这种敏感的时刻，身为陆逊的嫡亲子嗣，陆抗如果控制不住自己情绪，很容易导致下属中出现过激的言行，以此发泄对皇帝陛下的不满和怨恨，最后影响到武昌政局的稳定。

为何这样说呢？

因为孙吴实行了一种特殊的军队制度，后世学者称之为"领兵制"。这一制度的突出特点，在于领兵将领与他部下之间，具有非常强烈的依附关系：部下长期跟随将领本人，部

下的妻室儿女家属，也长期随军驻防，其子弟成年后也继续
在这支军队当兵；领兵将领死后，其子弟可以继续率领父兄
的军队，成为一种可以世袭的权力。由于依附关系太强，所
以部下对将领的忠诚，有时候会超过部下对皇帝的忠诚。虽
然为了暂时安抚陆逊在武昌的下属部队，孙权在第一时间就
任命陆抗为建武校尉，作为这支部队的新首领，但是陆抗如
果不能迅速控制自己的情绪，这五千精锐人马依然会发生大
问题。

好在年轻的陆抗，表现却异常的沉稳老练。他首先是使
自己保持高度的克制，然后迅速出面，安抚众多将士的情绪。
因为他的表现非常出色，结果武昌的政局并没有出现动荡和
风波。

第二方面，是如何妥善办理父亲的丧事，从而避免意
外的政治阻力。而处理丧事的难点，又在于安葬地点的妥善
选择。

从孙吴当时的情况来看，朝廷中重量级大臣死后，其遗
体大多是安葬在都城附近地区，从而好伴随此后安葬在都城
的皇帝陵下。例如，建安十五年（210年），孙吴第一任主
帅周瑜，担任南郡太守镇守军事要塞江陵（今湖北省荆州市
荆州区）。他来到当时的都城吴县（今江苏省苏州市），与孙

权密商发展大计之后，在返回江陵的途中，突然染上重病去世。他当时的得力下属庞统，立即护送其遗体，原路返回吴县，然后妥善安葬。此事详细记载于《三国志·庞统传》中，这是陆逊去世之前的确凿例证。赤乌十二年（249年），孙吴另一位主帅朱然，在镇守江陵的任上因病去世，他的遗体被运回到此时的都城建业，最后安葬在建业西南面的远郊。20世纪的80年代，朱然及其家族墓地，在今安徽省马鞍山市发现，并从朱然墓穴中出土了大量的珍贵文物。这是陆逊去世之后的确凿例证。

那么陆抗能否按照惯例，把父亲安葬在都城建业的附近地区呢？他感到很为难。因为父亲是受到皇帝陛下的无情责备而死，皇帝陛下愿不愿意让父亲归葬在都城，这是一个很大的疑问。就算自己一再哀求，也未必会得到批准。再说父亲在天之灵，也未必愿意看到自己如此为难的情景。

经过一番冷静思考，他终于想到一个相对而言比较妥当的安葬之处，这就是吴郡的吴县。首先，吴县是自己家族的故乡，归葬故土，原本就完全符合儒家的礼制，并非离经叛道之举。其次，吴县又是大吴皇朝最早的都城，连前辈名将周公瑾也安葬在此，所以选择在这里，相当妥当，并不失格。最后，吴县远离现今的都城建业，在此办理丧事，也不会受到太多政治因素的纷扰，不容易出现意外。

　　主意打定，陆抗立即向皇帝陛下呈送一道表章，请求恩准自己，护送父亲遗体回转故乡吴县安葬。孙权没有为难他，立即允准，不过却给陆抗准备了一份意外的"礼物"。这份"礼物"究竟是什么呢?

　　话说当年的春天，陆抗安顿好武昌的部下和军队，只带领少量随从，非常低调从武昌登船启程，护送父亲的遗体灵柩，顺长江扬帆而下。中途来到都城建业，准备舍舟登岸，再转陆路南下，前往吴县。做事与父亲陆逊一样周密细致的陆抗，吩咐灵车暂时在建业郊外僻静之处停留，然后只身前往城内的皇宫，面见皇帝谢恩。

　　而他这一去，竟然又引出了第三方面的考验来。这场考验比此前两方面的考验都更加严峻，更加突然，也更加凶险。

　　原来，陆抗还没有等到皇帝的召见，孙权就下达指令：将陆抗严密软禁在规定的地方，然后在规定的时间内，回答规定的问题。年仅二十二岁的他，此前没有进入过官场，也没有任何违法乱纪的行为，又还是孙权的姻亲晚辈，为何会受到如此的苛刻对待呢?

　　根本原因，是孙权余怒未消，还想在他的身上，继续清查他父亲陆逊的问题。于是，孙权从皇宫中派出特使，开始拿出一份文件，上面写满别人告发陆逊的罪状，一共多达二十条。特使一条又一条地追根究底，要求陆抗当场如实回答，不得有任何隐瞒。《三国志·陆抗传》中对此有如下的记载：

　　送葬东还，诣都谢恩，孙权以杨竺所白二十
事问抗，禁绝宾客，中使临诘。

　　意思是说，陆抗送葬向东还乡，中途前往都城建业的皇宫向皇帝谢恩，孙权拿出官员杨竺揭发陆逊的二十条罪状，逐一向陆抗追问，同时禁止陆抗与外界宾客的往来，由皇宫中派出的特使向陆抗进行当场的质问。

　　史文中所说的杨竺，是陆逊生前的诬告者。陆逊之所以被逼得悲愤而亡，很大程度上就是因为杨竺在孙权面前诬告所致。那么杨竺究竟是一个什么样的角色，以至于让陆家父子两代人都不安生呢？

　　杨竺，乃广陵郡（治所在今江苏省扬州市）人氏。他与其兄杨穆，都在孙吴政权效力，但是两兄弟的品性却不相同：其兄杨穆为人正派，而杨竺却热衷名利。杨竺很有口才，而且很会显示自己，所以得到不小的虚名。鲁王孙霸与太子孙和出现竞争时，善于投机的杨竺，立即投靠孙霸，成为拥护鲁王的死党之一。陆逊得知杨竺的作为，预料他终归会招致祸端，所以曾经好言劝告其兄杨穆，尽早与之划清界限，以免遭受牵连。

　　杨竺本来就与支持太子孙和的陆逊，在政治立场上截然不同，加之又听到陆逊对自己兄长的劝告，更加怀恨在心。于是费尽心机，罗织陆逊的罪名，一共凑成整整二十条之多，然后向皇帝孙权直接告发。他所罗列的二十条"罪状"，究竟具体是什么内容，史文并没有明确的记载，但是大体也可以作出推断。当时皇帝孙权最为忌讳的事，不外乎是皇宫之内的自己儿子，与皇宫之外的朝廷大臣，两者之间的暗中勾结，从而使自己完全被架空，变为任人左右的傀儡。所以杨竺罗织的罪状，一定与此密切相关，诸如陆逊与太子孙和有没有暗中的秘密联络？如果有，是通过何人，何时，何地，何种方式进行联络？相互又传递了什么样的消息？又进行了什么样的具体行动？如此等等。

　　面对突如其来的生死考验，如果碰上那种只会吃喝玩乐的纨绔子弟官二代，早就吓得全身发抖甚至于尿裤子了。而陆抗的表现如何呢？两个字：淡定。

　　他完全不依靠别人的帮助和提示，不卑不亢，一条一条

地从容回答，而且回答得比当初他父亲还更加冷静，还更加
清晰，还更加具有说服力。孙权本来以为，当初在陆逊那里
没有追问出什么罪过的问题，放在陆抗这里，或多或少总会
挖出一点点纰漏或差错来，却没有想到竟然审问成了这样的
结果。完全没有抓到小辫子的孙权，反应究竟如何呢？按照
《三国志·陆抗传》上的描述，说是"权意渐解"，即孙权的
心结逐渐消解了。

　　事实上，孙权的心结，此时此刻并没有彻底消除。真正
彻底消除，还要等到孙权临死的前一年，那已经是六年之后
的事了。太元元年（251年），陆抗因病回到都城建业寻求
名医诊治。病体完全康复之后，七十岁的孙权特别召见陆
抗。不过，这一次不是进行"三规"了，而是当面深深忏
悔。老皇帝孙权泪流满面，对陆抗说道："寡人以前听信逸
言，与你父亲不能保持深厚的道义，这一点有负于你。此前
寡人所有追问你们问题的文书，你要一概用火焚烧消灭，切
莫再让别人看见了啊！"说了这番话不久，孙权就废黜了太
子孙和，鲁王孙霸则赐死，改立最小的儿子孙亮为皇太子。
鲁王孙霸手下一批身份不高的党羽，全寄、吴安、孙奇，全
部处死。其中的杨竺，不仅被斩首，而且尸体被抛入长江。
他的哥哥杨穆，因为多次劝诫过杨竺，幸免于死，但也被

流放到岭南偏远之地。陆逊当初的告诫，至此完全变成了现实。

回过头来再说此时的陆抗。当他告辞孙权，护送父亲遗体回到家乡吴县安葬之后，立即转回武昌，代替父亲处理遗留下来的公务。由于他平素在父亲身边耳濡目染，又特别留心向父亲学习公务处理的正确方法，所以尽管这是他第一次独自承担重担，却能把一切公务处置得井井有条，没有出现任何重大的差错。

转眼到了第二年，也就是赤乌九年（246年）的深秋九月，陆抗接到皇帝陛下发布的一道诏令。诏令包含两方面的重要内容：一是任命陆抗为立节中郎将，继续统领陆逊原来的五千人马；二是要求陆抗把军队的驻地，从武昌转移到长江下游的柴桑（今江西省九江市），以便将武昌的大营腾出来，交给新来武昌镇守的军事长官诸葛恪。

归纳起来，这道诏令是涉及军阶上和驻地上的两个变动。虽然内容并不复杂，但是信息丰富，意味深长，值得好好品味一番。

从表面上看，陆抗从原来所担任的"建武校尉"，改任新的"立节中郎将"，这明显是在军阶上得到了晋升。前面说过，当时的军阶名称，按照等级的高低，大体分为将军、中郎将、校尉、都尉等大类。陆抗从第三等的"校尉"，变为第二等的"中郎将"，无疑属于大类上的晋升。孙权既然主动提升陆抗的军阶，不能不说是对陆抗的一种正面肯定，而陆抗本人的从政道路，也从此翻开新的一页。

但是，如果以为孙权此举，仅仅只是含有对陆抗的正面肯定，那也未免太简单了。在当时，每一种军阶的前面，又会冠以不同的形容词，用来体现不同的含义。孙权对陆抗新军阶的命名，即"立节中郎将"，就含有深意在内。所谓"立节"，即建立节操之意，可见孙权期望陆抗晋升新的军阶之后，能够特别注意建立节操。

中国封建皇朝对于臣僚的节操，最为强调的不外"忠孝"二字。对君主要尽忠，对父母要尽孝，被视为天经地义的事。但是就陆抗而言，孙权最为看中的节操，主要是在尽忠这一点上。孙权把陆抗的新军阶，特别命名为"立节中郎将"，深层次的用意，就是要求陆抗完全放下父亲被逼死的恩怨，从此全心全意效忠于自己，绝对不能产生其他的想法。

但是，仅仅在新军阶的命名上进行警醒，孙权觉得还不够，他还要对陆抗进行一场严格的实际测试，看看陆抗能否真正遵从自己的警醒，在关键时刻展现出对我尽忠的节操来。

测试的方式，是在毫无预先提示的情况下，把陆抗的驻防地点，突然从武昌变动到柴桑。这一变动，暗含了三处特别苦涩的难点。

第一处难点，是面对熟悉城市的舍弃。上面已经说过，自从孙权黄龙元年（229年）正式称帝起，陆逊就开始在武昌镇守，履行"董督军国"的职权，到赤乌八年（245年）逝世为止，时间长达十六年之久。当时的武昌，在今湖北省的鄂州市，与现今武汉市的武昌不是一回事。这十六年，既是陆抗从儿童长大成人的青春时代，也是他日夜陪伴父亲，并且对父亲效忠国家的品格越来越深入理解的时代。可以说，武昌的山山水水，都与陆抗有情感上的密切关联，因而难以割舍。另一方面，武昌又是孙权正式称帝时的地方，在孙吴长江沿线的军事重镇中，其地位仅次于第一都城建业，可谓是陪都的所在。然而陆抗将要转移前往的柴桑，只是孙吴沿江的一般性军事要塞，其地位的重要性，以及生活的舒适性，都要比武昌差得多。突然一纸调令，要把你调离这片充满感情的熟悉之地，早已完全适应的繁华之地，前往陌生的次等城池驻守，就是要看你会不会心生不满，甚至言行失当呢？

第二处难点，是面对父亲生前权力的瓜分。原来，就在晋升陆抗军阶的同时，孙权还对另外一批重要官员，宣布了职务上的晋升。按照《三国志·吴主传》的档案记载，得到晋升的官员共有五人，名单如下：

> 以骠骑将军步骘为丞相，车骑将军朱然为左大司马，卫将军全琮为右大司马，镇南将军吕岱为上大将军，威北将军诸葛恪为大将军。

请注意这份名单，其中为首的步骘，以下的全琮、吕岱，这三人都是当初"二宫构争"中，坚决支持鲁王孙霸的重量级大臣。他们的姓名，同样出现在当初史书关于两大派人物的记载中，这只要回头看看上面一章，将那里的史文与这里相对比，就会看得明明白白。当初支持太子孙和的陆逊，被逼得悲愤而死，而支持鲁王孙霸的主要大臣，如今都获得了明显晋升；就连支持太子孙和的诸葛恪，也出现在晋升的名单之上。尤其值得注意的是，当初带头支持鲁王孙霸的步骘，这次所晋升的丞相，恰恰正是陆逊生前所担任的职务；而诸葛恪的驻地，则被安排在武昌，恰恰又是陆逊生前驻守的地方，诸葛恪还兼任了陆逊当初所兼任的地方行政长官职务，也就是荆州牧。

由此可见，陆逊生前所控制的权力，如今已经被他人瓜分，而且参与瓜分者，主要都是当初陆逊在政治上的对立者。这一处难点对于陆抗而言，苦涩的程度就更加重了一层。

第三处难点，是面对江东土著大族的受压。前面已经说到，当初孙权所策动的"中书校事"，受到打压的朝廷大臣主要有三人，前两位就是陆逊、顾雍；在孙和、孙霸相互争夺继承人位置的"二宫构争"中，惨遭孙权打击的，除了陆逊之外，还有顾雍的孙子顾谭与其弟顾承，太子孙和的首席辅导老师吾粲，以及骠骑将军朱据。以上这些大臣，清一色都是江东的土著人士：陆氏、顾氏，还有朱据，都出自吴郡吴县的地方大族；吾粲则出自吴郡乌程县，即今浙江省湖州市。

然而现今刚刚得到孙权提升的上述五名大臣，除了从小陪同孙权读书长大的朱然，孙权大女儿孙鲁班的夫婿全琮，属于特殊照顾的对象之外，其余的步骘、吕岱、诸葛恪三人，全部都属于来自长江以北地区的人士，而非江东的土著大族：步骘出自临淮郡淮阴县，即今江苏省淮安市；吕岱出自广陵郡海陵县，即今江苏省泰州市；诸葛恪出自琅邪郡阳都县，即今山东省沂南县。他们现今分享了当初陆逊所拥有的军政大权，这就与江东土著大族的惨遭压制，形成了极其鲜明的对比。

总之，包含了三处难点的这场测试，与此前陆抗遭遇突然软禁和一再盘问的考验相比，其难度可谓有过之而无不及。那么陆抗的反应如何呢？

他的表现依然是两个字：淡定。在这依旧淡定如常的状态中，他的节操和为人，就生动而清晰地展现出来。

一接到皇帝陛下的换防诏书，陆抗立即命令下属的官兵：在收拾整理行装的同时，必须抓紧时间，在临走之前，把武昌驻军大营的所有设施，包括城池、营垒、围墙、房屋等等，全部修缮一新；至于营地周围的园林，包括桑树、果树等等，也必须全部保持完好，不准随意砍伐。由于他们父子二人，已经在全军树立起极高的威信，所以他的命令下达后，全军随即全力执行，最后在规定的时限之内，将整个大营修缮得如同全新建成的一般。陆抗四处巡视一遍，认为完全符合自己的要求之后，这才宣布全军动身启程，乘船前往下游的柴桑。

原本镇守柴桑的诸葛恪，率军进驻武昌大营后，看到一片整齐如新的动人场景，这位平常自视甚高的风头人物，不仅深受震撼，而且惭愧得无地自容。因为他自己在柴桑给陆抗留下的营地，到处是破破烂烂，一片脏乱差的糟糕模样，与陆抗给自己留下的营地，也形成了极其鲜明的对比。现今常说，细节决定成败。就在这相互换防交接的细节上，已经埋下日后两人成败的伏笔。七年之后，做事依旧如此粗疏轻率的诸葛恪，就被政治对手刺杀在皇宫的酒宴之上，造成孙吴政局的巨大逆转；而做事细致稳重的陆抗，却在十年之后，成为支撑孙吴危难局面的主帅级名将。这都是后话。

北宋的大文豪苏东坡，曾经在他的名篇《留侯论》中说过：

> 天下有大勇者，猝然临之而不惊，无故加之而不怒：此其所挟持者甚大，而其志甚远也。

意思是说，真正具有大勇的人士，猝然面临危险而不会惊慌，无故对他施加压力而不会发怒：这是因为他心中的抱负很大，而且志向非常高远的缘故。

这段话用在陆抗身上，可以说是再贴切不过了：当初他在建业遭遇到突然软禁和一再盘问，他淡定面对毫不惊慌，正好就属于"猝然临之而不惊"；现今他又在武昌遭遇饱含苦涩的严峻测试，他依然淡定面对毫不恼怒，正好就属于"无故加之而不怒"。他之所以能够如此，正好也是因为在其心中，具有很大抱负和高远志向，因而不愿意在次要的事情上进行斤斤计较。

那么他的抱负和志向是什么呢？也可以用两句话来形容：绵延家族的命脉，弘扬先辈的荣光。

他的家族，是深深扎根在江东的土著，而且一直是世泽绵延的名门，根本脱离不了江东，也根本脱离不了政治。既然脱离不了江东和政治，那么从整个家族和自己个人的发展前途来考虑，就必须继续为孙吴政权效力，然后等待新的发展时机，而没有其他更好的选择。父亲陆逊，就是他的最好榜样：当初因为与孙策的一段恩怨情仇，曾经在冷静的观望之中，先后度过了孙策打下江东后的五年，以及孙权接手主政江东的最初三年，直到二十一岁时终于等来绝佳的时机，这才开始步入仕途效力。如今自己才不过二十三岁，却已经晋升到中郎将的中等军阶，完全可以像父亲那样静观时变，等待发展机会的到来。正是有了这样的抱负和志向，以及这样清醒和深刻的认识，他才会以极为淡定的态度来面对眼前所遭遇到的一切。

世间上的事，总是祸福相依。虽然陆抗此时的遭遇并不顺遂，但是从后来的情况看，正是因为他在孙权的晚年，被分配到了远离政治漩涡中心的柴桑，凭借手下的军队实力，得以安身立命，这才幸免于介入孙权晚年开始的政坛血腥大争斗，从而为他后来成为孙吴全军主帅的亮丽发展，积蓄起力量，奠定了基础。

像陆抗这样踏实前进的陆氏宗族其他成员，值得介绍的首先是陆凯。

陆凯，字敬风，是陆抗的族兄。他最初在地方上担任县长，政绩突出。后来转入军界，被任命为建武都尉，开始统领兵马。他虽然常在疆场，却喜好读书，手不释卷。赤乌五年（242年）七月，陆凯奉命与将军聂友，共同领兵三万，前往现今的海南岛，平定当地叛乱，陆凯因功晋升为建武校尉。孙权随即将全岛纳入孙吴政权的行政区划，在此设立儋耳郡、朱崖郡，由陆凯兼任儋耳郡的太守。那时的海南岛，地方偏远，经济落后，生活艰苦。陆凯没有任何嫌弃和不满，依旧忠于职守，尽心尽力，与他的族弟陆抗具有同样的风范。后来，陆凯晋升到孙吴皇朝的左丞相，也成为朝廷的栋梁。

还有陆抗的堂兄陆喜，字恭仲，其父亲就是陆逊的胞弟陆瑁。陆喜年轻时就有好名声，不仅好学，而且文才斐然。也在仕途上踏实前进，后来也像他父亲陆瑁一样，担任了孙吴尚书台的选曹尚书，负责朝廷官员的人事考选，责任重大却非常之称职。

总之，树大根深的陆氏家族，虽然因为陆逊的悲愤归天而遭受重大打击，但是凭借后代子弟的数量众多和质量优秀，他们的第二代依旧顽强成长起来，并且陆续登上历史的大舞台，形成后继有人的突出特色。而其中的陆抗，更是会在未来展现出亮丽的光彩。这正是：

不惊不怒真豪杰，且看登台二代人。

要想知道陆抗如何度过他艰难的等待期，终于成为支撑孙吴危局的中流砥柱，做出一番与其父亲陆逊同样光彩照人的功业，请看下文分解。

第十三章
中流砥柱

　　话说陆抗平心静气来在柴桑，到达之后就忠于职守，踏实苦干，整治军营，训练部队，在提高军队战斗能力的同时，又开展各项大生产活动，从而保障部队的自给自足。他这一干，就在柴桑干了十三年之久。

　　陆抗在上游的柴桑韬光养晦，而下游的都城建业，很快在四年之后，政局就开始进入不断激烈动荡的风浪之中，先后发生了一系列非正常的重大事件。究竟有哪些重大事件，请看下面的编年大事记录即可明白。

赤乌十三年（250年）八月，孙权宣布废黜太子孙和，赐死鲁王孙霸，改立最小的儿子，时年仅仅八岁的孙亮为皇太子。鲁王孙霸手下一批身份不高的党羽，杨竺、全寄、吴安、孙奇，全部被处死。

太元元年（251年）五月，孙权宣布将孙亮的生母潘夫人提升为皇后。半年之后，年满七十的老皇帝孙权，被年轻貌美的潘皇后迷惑得身患重病，从而卧床不起。

太元二年（252年）二月，性格阴险的潘皇后，产生了强烈的政治野心，于是模仿西汉吕后的专断朝政大权，开始插手政治。但是，因为对待侍从的宫女过于刻薄凶恶，结果在半夜的睡眠中，被宫女们一拥而上，将其勒死。孙权得知，急火攻心，两个月后就离开人世。临死前宣布，以诸葛恪、滕胤、孙峻三人为辅政大臣，共同辅佐太子孙亮。

孙亮建兴二年（253年）三月，首席辅政大臣诸葛恪强行出动大军进攻曹魏，八月间无功而返，引起朝野的严重不满。十月，以孙氏宗族成员身份担任辅政大臣的孙峻，在皇宫的宴会上埋伏杀手，将诸葛恪杀死在皇宫的殿堂之上，抛弃尸体在建业南郊的石子岗，即今南京市的雨花台一带，然后自任丞相，总管朝政。

太平元年（256 年）九月，孙峻病死，堂弟孙綝控制朝政。

太平三年（258 年）九月，执政两年的孙綝，废黜十六岁的小皇帝孙亮，改立孙权的第六子，即二十四岁的孙休为皇帝。不料当年的十二月，新皇帝孙休就诛杀了孙綝，自己掌控了孙吴政权。

直到孙休称帝问政之后，这段充满血雨腥风，前后长达九个年头的政局大动荡，才算暂时恢复到相对平静的状态。而安安心心在柴桑养精蓄锐的陆抗，也终于等到了事业发展的绝佳转机。

在孙权死后出现的三名年轻皇帝之中，孙休算是表现最佳的一位。他在亲自掌控孙吴政权之后，随即在治国理政上进行大力的整顿，以求使国家恢复到正常发展的轨道。他先后发布诏令，减轻徭役，加强教育，劝课农桑，发展生产。对于至关重要的军事防务方面，由于此时孙吴的高级将领中，出身于孙氏宗族群体和江北人士群体者，比如孙峻、孙綝、步骘、诸葛恪、吕岱、滕胤、吕据等，已经相继死亡离世，重要岗位的后备人选出现严重的短缺，所以大力提拔江东土著大族出身的贤能将才，就成为孙休急需解决的关键问题。

孙休永安二年（259年），一道皇帝诏令送到柴桑。诏令中宣布：提升陆抗的军阶为镇军将军，都督西陵诸军事，其防区是从关羽濑开始，直到白帝城。陆抗终于等来的这道重要诏令，须得要进行解释才能完全明白。

所谓"镇军将军"，乃是当时的高级军阶，不仅属于"将军"这一大类，而且在"将军"这一大类中也属于高等级的。陆抗此前，曾经晋升到"将军"这一大类的征北将军，现今又从征北将军晋升到镇军将军，这就意味着，他开始进入孙吴重量级将领的行列了。

而"都督西陵诸军事"，这是指陆抗的具体指挥权限，表示西陵所在防区的所有军队，全都归他指挥。当时的西陵县，即今湖北省宜昌市，是整个防区指挥中心的所在地。

至于当时西陵防区的具体范围，东端的起始地点是关羽濑，即今湖南省益阳市的西面；西端的终到地点是白帝城，即三峡西端的白帝山，在今重庆市奉节县东。

陆抗接到诏令，虽然表面上神态如常，内心却升腾起一股巨大的荣誉感和使命感。为何会这样呢？

从荣誉感的方面来说，新防区指挥中心所在的西陵，原来名叫夷陵，位于长江三峡的东端出口。当初孙权在世的黄武元年（222年），此处曾经爆发过一场生死大战。正是陆抗老爸陆逊所指挥的孙吴大军，在夷陵县境内的猇亭，把强劲对手刘备的进攻大军打得一败涂地，刘备本人狼狈逃回白帝城，在此卧病不起而去世。而孙吴则把西部的边界，大幅度扩张到了长江的三峡一带。为了纪念这一辉煌胜利，孙吴当年就把夷陵改名叫作西陵，暗含国家西大门之意。至于所谓的"关羽濑"，也与孙吴的军事功勋有关。当初鲁肃出任主帅镇守益阳时，曾经与关羽争夺边界。关羽想从资水上游的一处浅滩偷渡，骁将甘宁自告奋勇，率兵前往伏击，关羽得知消息，被迫放弃偷渡。当时把河流的浅滩称为"濑"，从此这座浅滩就叫作"关羽濑"了。夷陵、西陵、白帝城、关羽濑，这一系列地名，都见证了孙吴的国威和军威，特别是父亲陆逊的赫赫威名。现今陆抗第一次被皇帝任命为这片防区的总指挥官，他能不产生巨大的荣誉感吗？

再从使命感的方面来说，自从陆逊在猇亭之战中，将孙吴西部边界扩张到三峡一带之后，以西陵为中心的这片防区，就成为孙吴全国军事布防中关键性的一环。首先，西陵位于孙吴长江防线西端的上游，一旦被敌方攻占，立即就对下游孙吴的广大腹地，形成高屋建瓴扬帆直下的威胁态势；其次，西陵又位于两面受敌的特殊地理位置，其北面是当下的强敌曹魏，其西面则是曾经的对手蜀汉，要在这样的地理位置上做好军事上的防御，其困难程度可想而知。现今皇帝把如此关键的防区交到自己手中，陆抗也不能不产生巨大的使命感。

话说陆抗率领自己的部队奔赴西陵，到达之后他就详细考察地理形势，重新规划军事布防，把整军备战的工作落到实处。备战的重点，则放在加固城池、储备军粮，以及精心打造作战装备这三点之上。现今常说，只有认真准备打仗，才能有效避免打仗。其实早在 1700 年前的陆抗，已经在认认真真奉行这样的战略方针了。

正是因为陆抗的备战工作做得好，所以第二年，也就是永安三年（260 年），皇帝孙休下令，给予陆抗以"假节"的威权名号，作为特殊的褒奖。那么此处的"假节"又是什么意思呢？

原来，三国是古代军事制度的变革期，其中最为重要而且又与陆抗任职密切相关的变革，有下面两点：一是督将战区制的形成，二是高级将领身上，出现军阶、职务、威权三者的明确区分。

在三国之前的两汉，如有军事行动，一般是临时选拔将领，征调军队；军事行动结束后，将领交出军权，士兵各回原地。这种情况被称为"兵无常将，将无常兵"。到了三国，战火长期不断，各国开始在自己地盘中，划出固定的战区，派遣常驻的部队，任命常驻的指挥官，以便适应战争的随时紧急需要。战区的指挥长官，相当于后世的军区司令，一般带有"督"或"都督"的字样，于是督将战区制度应运而生。陆抗所担任的"都督西陵诸军事"，就是西陵战区的总司令。至于其下属每个军分区的司令，就称某某督，比如西陵督、公安督之类。后来唐代的节度使、明清的总督，与此都有渊源上的关系。

　　督将战区制出现后，高级将领的身上，就不再如以前那样只有军阶一种名号，而有军阶、职务、威权三种不同的名号了。陆抗的"镇军将军"，是他的军阶，类似后世的军衔，决定他官阶高低，领多少俸禄。而"都督西陵诸军事"是他的军事职务，决定他的具体职责范围，是指挥西陵战区的各路军队。至于"假节"，则是他拥有的诛杀威权，决定他有权自行诛杀违犯军法的将士，后世没有类似的名号。此处的"假"，词性是动词，含义是给予，并非真假的假；至于"节"，是君主授予诛杀威权的一种特殊凭证，用竹竿与牦牛尾做成。最高一种的诛杀威权名号，是"假黄钺"，而"黄钺"是君主专用的一种仪仗用品，是用黄金装饰的大斧，拥有这一名号者，具有代表君主出征的资格，有权诛杀持有节杖的重要将领。当初陆逊在石亭之战大战曹休时，孙权就特别给予他这一非同凡响的威权名号。

正是因为陆抗的备战工作做得好，所以在他镇守西陵的十年之间，这一带大体保持安静状态，没有大的战事发生。而他的家庭生活，也随之保持了和谐安定。到达西陵两年后的永安四年（261年），他的第四子陆机出生；又过一年，他的第五子陆云出生。此后还有最小的陆耽出生。至此，陆抗的六个儿子：陆晏、陆景、陆玄、陆机、陆云、陆耽，不仅全部来到人间，而且都茁壮成长起来，他在传宗接代的重要任务上，同样完成得漂漂亮亮。

但是相形之下，西陵之外的形势就复杂多变了。永安六年（263年）夏天，曹魏方面出动十八万大军，分三路向南进攻进攻蜀汉。当年十月，蜀汉派遣的特使到达建业，请求孙吴出兵援助，结果孙吴的三路援军才刚刚开始组建，蜀汉的皇帝刘禅就在成都投降，国家宣告灭亡。

得知蜀汉灭亡的确切消息，孙吴的皇帝孙休，就起了趁机攻占蜀汉原有领土，将西部边境扩张到三峡以西的野心。当时孙吴荆州最西边的郡，叫作建平郡，其行政中心在巫县，即今重庆市的巫山县。建平郡以西，就是蜀汉最东边的郡，叫作巴东郡，其行政中心在永安县，即今重庆市奉节县东面的白帝城。于是第二年的春天，孙休命令孙吴建平郡的太守盛曼，越界向西进攻扩张。而蜀汉的巴东郡太守罗宪，先是率领部下，为自己国家蜀汉的灭亡，痛哭哀悼一番之后，然后坚决拼死抵抗。盛曼未能得手，孙休又命令将军步协前往增援，结果又被罗宪打得大败。孙休大怒之下，这才打出手中的王牌，要求陆抗亲自出兵三万，前去挽回局面。

　　陆抗的兵马来在巴东郡的首府永安，正要准备发起强攻，一举拿下城池，不料却收到后方传来的十万火急情报，说是曹魏方面已经派遣其荆州刺史胡烈，率领精锐主力两万人马，日夜兼程南下，将要趁陆抗率军西进之际，乘虚偷袭陆抗的后方大本营西陵。陆抗立即传令全军，收兵回返。那边的胡烈眼看偷袭无望，也就止步不前，西陵城池这才得以安然无恙。

　　就在陆抗率军回返西陵的永安七年（264 年）七月间，另一个噩耗又突然从下游的京城建业传来，说是皇帝孙休，在本月的二十五日癸未这一天，突然身患重病，不能言语，三天之后的二十八日丙戌，竟然撒手人寰，年仅三十岁。推测起来，孙休之死，大约是向外扩张领土的急切期望未能实现，急火攻心而致。八月初三日庚寅，朝廷大臣报经孙休的皇后朱氏同意，拥立年龄较大的孙皓为皇帝。于是，孙吴政权的最后一位皇帝，开始粉墨登场。

孙皓又是谁呢？原来，他的老爸，就是前面提到过的太子孙和，所以算起来他是孙权的孙儿。当初他的老爸孙和被废黜，他也跟着倒了霉。到了他的六叔孙休当了皇帝，他的境况才有所好转，被封在乌程县当了侯爷。这乌程县即今浙江省湖州市，靠近太湖，是一个富饶美丽之地，他在这里当侯爷，倒也逍遥自在。而乌程县当时的县令叫作万彧，也与他成为好友。孙休没有子嗣，突然病故时，朝廷大臣只好在孙氏宗族成员中去选择接班人。他们认为，外部的盟友蜀汉政权刚刚灭亡，内部的南方又出现叛乱，所以最好选择一位年龄不要太小的对象来当皇帝，免得应付不了严峻的形势。恰好在这时。那位乌程县令万彧，已经来到京城的朝廷任职，他就大力吹嘘，说孙皓如何"才识明断"，如何"奉遵法度"，是理想的继承人选。朝廷大臣把他的话当了真，就拥立二十三岁的孙皓当了皇帝。孙皓初期的表现倒还不错，生活俭朴，体恤民众，大有英明君主的风范。但是一旦站稳脚跟，立即变得判若两人，不仅粗暴骄纵，喜好酒色，而且性格残忍，随意杀人。于是乎，孙吴的政治局势，再度陷入高风险的动荡时代。

正是在这样的背景之中，四十一岁的陆抗，开始成为支撑国家艰难局面的中流砥柱。而他充分发挥中流砥柱作用的标志性事件，就是著名的"西陵之战"。那么这场大战是怎样发生的呢？且听——道来。

孙皓刚刚继位之时，从三峡一带刚刚发生的战事中，看到了这一地区的极度重要性，于是立即提升陆抗的军阶，从"镇军将军"晋升为"镇军大将军"。虽然只是在"将军"前面加了一个"大"字，然而却使陆抗进入了更高的将领阶层。同时，又宣布陆抗"领益州牧"，也就是兼任西边益州的军政长官。虽然这时的益州，已经被曹魏收入囊中，但是孙皓此举却清楚表明：进入并攻占益州，乃是孙吴下一步的战略目标，而且这一任务，就落实在陆抗的身上，所以连"益州牧"的行政职务，也都预先给了他。

到了孙皓建衡二年（270年），鉴于曹魏政权已经被西晋皇朝取代，两面受敌的西大门即三峡一带，显得更加重要，孙皓又把此处的战区重新改组，设置了一个统一的大战区，然后提升陆抗为这个大战区的总指挥官，其职务的正式全称有点长，叫作"都督信陵、西陵、夷道、乐乡、公安诸军事"。

也就是说，陆抗所指挥的大战区，手下有五个军分区：从西向东沿长江分布，依次是信陵、西陵、夷道、乐乡、公安。当时这五个地方，都在现今的湖北省境内：信陵，在今秭归县东南；西陵，在今宜昌市；夷道，在今宜都市；乐乡，在今荆州市荆州区；公安，在今公安县。大体说来，这五个军分区，是从三峡的中段起，直到三峡东口以下的公安县止，绵延将近上千里之遥。在这个大战区西面的三峡方向，北面的襄阳方向，都面临着同一个强敌，就是先后吞灭了蜀汉和曹魏的西晋皇朝。而陆抗本人的总指挥部，则设在处于居中策应位置的乐乡。

此时的孙皓如此信任陆抗，主要有两个原因。首先在政治上，陆抗的父亲陆逊，当初曾经坚定支持过孙皓的父亲，即太子孙和，为此还牺牲了自己的生命。其次在亲缘上，孙皓又把自己的亲妹妹，许配给陆抗的次子陆景为妻，陆抗就是孙皓的姻亲长辈了。双重的因素，使得孙皓把陆抗视为可以倚重的柱石之臣，所以将他放到看守国家西大门的关键位置之上。

陆抗就任新职才刚刚两年，一场重大变乱果然在西大门爆发，由此引发了激烈的"西陵之战"。

孙皓凤凰元年（272年）八月，陆抗下属的西陵军分区指挥官，也就是西陵督步阐，宣布投降西晋。他据守西陵的坚固城池，等待西晋的援助大军。这个步阐是谁？他又为何会造反呢？

原来，步阐不是别人，就是陆逊生前政治对手步骘的儿子。当初陆逊被调往武昌"董督军国"，他长期驻守的西陵，就由步骘前去驻防。陆逊悲愤归天，步骘瓜分了陆逊的丞相职务，前往中央朝廷任职，西陵的驻防任务就由其子步协、步阐先后继承掌控。步阐任职期间，朝廷要将他调到京城改任他职，他害怕皇帝孙皓要算旧账收拾他，于是派遣亲属前往西晋投降。西晋皇朝立即给他高官厚禄，并且派出大军，前往接应步阐，并趁势占领西陵。

当年的九月，西晋出动号称八万之众的声援大军，在荆州战区总指挥官羊祜的统领下，从襄阳大举南下，兵锋直指孙吴西部的重镇江陵（今湖北省荆州市荆州区）。孙吴政权顿时面临生死存亡的严重危机，而陆抗本人在军事上出类拔萃的杰出才能，也因此充分展现出来。

在得知步阐反叛的当天，陆抗就调集下属部队的三万精锐兵马，开始一场同时应对内、外两个战场的恶战。要想知道他究竟会如何指挥，先得对当时的军事地理略作了解。

陆抗所镇守的近千里长江防线，最为紧要的军事重镇是两处，即西陵和江陵。西陵原名夷陵，在今湖北省宜昌市区，正好位于三峡的东口，是通向西面益州的咽喉。江陵，在今湖北省荆州市荆州区，正当北上襄阳进入中原的大道。换句话说，当时的西晋如果要想摧毁孙吴，西路要从益州出三峡东下，中路要从襄阳南下，而抵抗这两路进攻的坚固据点，就分别是西陵和江陵，因此孙吴对此两处要塞，曾经进行过长期的打造和经营，就一点不奇怪了。

现今面对西路的要塞西陵，已经被反叛者步阐所出卖和占据，而面对中路的要塞江陵，又要承受西晋八万大军的进攻兵锋。一旦江陵陷落，西部大门洞开，对方乘胜扬帆东下，那就是当年曹操占领荆州后挥兵东下的重演。面临如此严峻的局面，陆抗只有三万人马应战，对内要收拾投敌叛国的步阐，对外要应付强大的敌军进攻，他能够像他父亲陆逊那样，再度创造以弱胜强的用兵神话吗？

其实，真正考验陆抗是否得到他父亲真传的，是一道看似简单得很的双选题：他这三万兵马的主要行动方向，究竟是选择江陵，还是西陵呢？

一般人来选，肯定会是江陵。因为江陵一直是上游荆州的行政中心，因而价值更重要；而且江陵位于长江北岸，与陆抗总指挥部设在南岸的乐乡，基本上是隔江相望，因而出兵路线更为近便；如今江陵又直接面临西晋大军的进攻，因而情况更加紧急。陆抗的下属将领，就都是这样考虑和选择的。

但是，陆抗的选择却与众不同。据《三国志·陆抗传》的确凿记载，他对众将官说了如下一段话语：

> 江陵城固兵足，无所忧患。假令敌没江陵，必不能守，所损者小。如使西陵盘结，则南山群夷皆当扰动，则所忧虑，难可竟言也！吾宁弃江陵而赴西陵，况江陵牢固乎？

意思是说，江陵城池坚固而兵力充足，抵抗敌人没有问题；即便敌人暂时占领了江陵，也会因为深入我方地盘而必然守不住，损失不算很大；但是西陵方面的敌对势力一旦紧密团聚起来，在它南面山区的少数族都会跟着发起动乱，这时的忧虑就一言难尽了！所以我宁可暂时不管江陵而先去进攻西陵，更何况江陵城池又还牢固无忧啊？

总之，陆抗判断当前的要害，应当是西陵的内乱，而非江陵的外患。他之所以敢于这样说，是因为他早就有预防的举措在先。

原来，当初陆抗看到江陵北面的地势平坦开阔，道路交通非常畅达方便，对于西晋来犯的骑兵纵横驰骋极为有利。为了加强防御，他指令下属江陵军分区的指挥官张咸，把江陵西面一条从北向南流到长江的支流，在其下游的水口附近，修筑起一道大堤堰将其阻断。于是，这条名叫沮漳水的河流下游，就变成一个大湖泊，把北面襄阳通往江陵的道路全部淹没。敌人不要说进攻江陵的城池，就连到达城池之下也难以办到。有了这样一道可靠的预防举措，江陵城就更加保险了。

话说陆抗决心下定，立马争分夺秒，在第一时间指挥主力军团杀往西陵。到了西陵城下，他的第一道命令就是立马投入劳动。什么样的劳动？就是修建城墙。

他命令在西陵城池的外面，再修一圈包围老城的新城墙，从而对内包围反叛的步阐，对外抗击西晋的援军。他在现场严格监督，日夜催促，就好像西晋大军已经杀到眼前一般。将士们觉得昼夜干活实在太苦，纷纷抱怨，说是在东边的江陵才修了阻挡水流的大堤堰，又跑到西边的西陵来修城墙，我们是擅长挥刀射箭的沙场勇士，宁可拿起武器向步阐进攻，也不愿拿起工具修城墙来做苦工。陆抗心想，用事实来说服一下你们也好，就让抱怨得最厉害的将领雷谭，领兵前去进攻步阐的城池，果然是无功而返。这下子将士们没话说了，老老实实抓紧干活，终于将新城墙按时修建完工。

那边西晋的羊祜统兵南下，快到当阳（今湖北省当阳市）时，发现前面有巨大的人造湖泊切断了道路。苦苦思索之后，他决心将计就计，利用湖泊来运送大批军粮和武器。于是，他一面打造和征调船只，一面又放出风声，说是将要破坏对方修建的堤堰，放水之后好通行步兵，以此来迷惑对方。得知这一情报的陆抗，又会怎么应对呢？

陆抗的反应，《陆抗传》中有如下的记载："抗闻，使张咸亟破之。诸将皆惑，屡谏不听。"说是他一得知消息，立马下令江陵军分区的指挥官张咸，赶紧挖开堤堰放水排水；部下将领都很不理解，刚刚筑起的堤堰为何又要挖开呢？抱怨归抱怨，陆抗的命令却绝对不敢违背。那么事情的发展怎样呢？

在那边的羊祜，好不容易才把船只刚刚打造和准备停当之时，湖泊的水位已经下降到最低点，变成一大片沼泽和湿地，船只毫无用处不说，连徒步跋涉也难以通过。浩浩荡荡的八万人马中，最后只有将领杨肇手下统领的不到一万步兵，勉勉强强蹚过这片泥泞地区赶到了西陵。等到其余部队在后面好不容易来到江陵时，西陵那边的惨败已经成为定局了。

原来，这一年的十二月间，杨肇由于兵力不足，又远来疲乏，所以对西陵外围发起的进攻，根本没有足够的冲击力。而在此等候多时的陆抗，凭借新修成的坚固城墙，以及充足的武器和粮食储备，从城墙上的高处，把飞箭和礌石，如同暴雨一般发射下来，杨肇的步兵不死即伤，折损大半。苦苦坚持将近一个月之后，孤军无援的杨肇见势不妙，只好在一天的晚上，悄悄撤军跑了。陆抗只派出一支小部队跟踪追击，就杀得杨肇的残兵败将，纷纷脱下铠甲，丢掉武器，狼狈奔逃。后面的主帅羊祜得知前锋失利的消息，随即传令全军从江陵撤退，以免被对方压迫到沼泽和湿地的绝路当中。

到了这时，陆抗这才回过头来，全力对付老城里面的步阐。此前他就曾在西陵长期镇守，老城的防御体系都是由他亲自打造完成的。凭借对敌方布防的极为熟悉，对方又因失去外援而军心溃散，老城很快就被全力强攻的陆抗拿下。步阐的家族与其他领头反叛的骨干将领，都被依法斩首示众。其余步阐下属的将士和家属，由陆抗亲自上奏朝廷，请求不搞株连，全部从宽赦免，因此而保存性命者有数万人之多。

大获全胜的陆抗，此时在下属面前的表现，依旧是两个字：低调。他像以往一样谦虚和蔼，丝毫没有骄傲放纵之态，所以史书上说他深得"将士欢心"。他在西陵重新修缮城池壁垒之后，这才回转自己在乐乡的指挥中心。

步阐所困守的城池，相传在今湖北省宜昌市的葛洲坝一带，现今还存在一段夯土城墙遗址，被称为"步阐城"或"步阐垒"，可供游人观赏，抒发思古之幽情。

这场西陵大战，是三国时期最后一场以弱胜强的经典型战例。与曹操的官渡之战、周瑜的赤壁之战、刘备的汉中之战、陆逊的猇亭之战和石亭之战，组成一个以弱胜强的大型战役经典系列。至于陆抗在此战中的用兵特色，可谓深得其父陆逊的真传。

纵观陆逊用兵的看家本领，可以总结为两个能够和充分：一是能够在动手之前，充分做到深思远虑。二是能够在作战之中，充分利用地理条件。对比陆抗，他在西陵之战的用兵中，正是凭借了这两点。首先，他能够在动手之前，充分做到深思熟虑，在主攻目标究竟是西陵或者江陵的选择中，力排众议，作出眼光独到的明智决断。其次，他又能够在作战之中，充分利用江陵的地理条件，作出稳妥可靠的应对预案。《孙子兵法》的《地形篇》就说："夫地形者，兵之助也。知此而用战者必胜，不知此而用战者必败。"总之，他正好继承和发扬了父亲的两项看家本领，从而演出了一场精彩的沙场大戏来。显然，他绝非只会败坏家业家风的纨绔公子哥，而是能够光大门楣、为豪门子弟树立好榜样的将门虎子。含冤而死的陆逊，如果地下有知，也应该含笑于九泉了。

从历史影响来说，西陵之战的大捷，使得孙吴躲过了一场被强敌吞灭的严重危机。当时雄心勃勃的西晋武帝，已经起心消灭孙吴，而他信任的羊祜，就是实施这一计划的领头主将。但是，此战遭遇大败，朝廷舆论大哗，迫使晋武帝给予羊祜以降职处分，吞灭孙吴的打算也被迫暂时搁置下来。正是因为这一点，所以后来东晋的大臣何充，对此才有"陆抗存则吴存，抗亡则吴亡"深沉慨叹，并且被原文引录于《晋书·何充传》之中。

陆抗之所以在取得大胜之后并未欣喜异常，还有一层重要的因素，就是他对国家当前衰败的内政，特别是皇帝孙皓的昏庸暴虐，充满了深深的忧虑。为了国家的前途大局，他以父亲陆逊为学习榜样，不顾利害，一再向皇帝直接上奏表章，进行直言进谏。他听说正直的重量级将领薛莹，无端被捕下狱，很有可能性命不保，立即上奏请求赦免，薛莹这才得以免于一死。孙皓因为西陵一战的大胜而冲昏头脑，企图一再出兵作战，陆抗马上又上奏劝阻，建议要爱惜民力和财力，等到有利时机来到时再谨慎行动。细读这些表章中的文句，他那爱国爱民的一片忠心，堪称是跃然纸上。

孙皓凤凰二年（273年）的春天，朝廷派出特使，前往陆抗的驻地，宣布提升他为大司马，兼荆州牧。孙吴的大司马，是领兵将军中最为尊崇的军阶，可谓军界的 Number One。而荆州牧，则是荆州地区的行政长官。至此，陆抗的地位和职权，就与他父亲陆逊生前在荆州时的情况，大体上可以并肩媲美，算得上是无愧于先父的荣光了。

可是，过度繁剧的公务，再加上对国事的深深忧虑，大大损害了陆抗的身心健康。到了第二年，也就是凤凰三年（274年）的夏天，他就身患重病，卧床不起。当年初秋七月，作为孙吴皇朝中流砥柱的陆抗，就在他总指挥部所在的乐乡，带着一腔忧虑离开了人世，时年仅五十一岁。这正是：

中流砥柱离人世，王气黯然在眼前。

要想知道陆抗死后的孙吴皇朝如何迅速灭亡，而陆氏家族的第三代子孙，又如何面对国破家亡的悲惨命运，请看下文分解。

第十四章

亡国惨痛

以陆抗的病逝为分界点，孙吴政权就迅速进入最后的苟延残喘阶段，仅仅过了五年半的时间，就寿终正寝，宣告灭亡，三国的百年历史到此正式终结。

孙吴政权为何会灭亡得如此快速？从内因方面来看，根本原因只有一条，就是碰上了孙皓这个荒淫残暴的皇帝。

大家知道，三国鼎立局面的前期酝酿阶段，曾经爆发了一场董卓之乱。董卓其人，是以残忍暴虐而遗臭万年。至于孙皓，在残忍暴虐上的表现，与董卓相比毫不逊色，这只要翻一翻《三国志》当中他们两人的传记，就会有非常深刻的印象。但是，董卓所糟践的，乃是东汉皇朝的天下，那是姓刘的祖传产业，姓董的他毫不心痛，还多少有点理由。而孙皓所糟践的，却是自家祖宗辛辛苦苦打下的江山，他这种"崽卖爷田不心痛"的行为，表面上看来似乎难以理解，然而仔细一想，却也事出有因。他的父亲孙和，即曾经的皇太子，当初受到孙权的无端废黜，弄得他们父子辗转流离到了远方，半途之上，孙和突然又被赐死。家庭的重大打击，生活的艰难困苦，造成孙皓一种极度变态的心理，就是对于祖父孙权的深深仇恨。一朝自己时来运转当上皇帝，亲手把祖父孙权留下来的产业，一块一块地大肆糟践，心中就会涌起强烈的快感。董卓与孙皓，一个处在三国的酝酿阶段之初，另一个处在三国的结束阶段之末，两个混世魔王与三国相终始，老天爷所作出的这种诡异安排，真是令人匪夷所思。

孙皓糟践孙吴江山的事例实在太多，什么大修宫殿，什么胡乱迁都，什么酷刑杀人，什么搜罗名犬，不胜枚举。其中与孙吴命脉直接相关，同时也与陆抗之死直接相关的关键性事例，就是孙吴上游西大门的军事防务问题。

陆抗与他的父亲陆逊一样，都是带着深深的忧愤情结而去世的。如果说陆逊的忧愤情结，是因为自己无端遭受到孙权的严厉打击的话，那么陆抗的忧愤情结，就是因为自己对孙吴西大门军事防务的极度担心了。

陆抗临终之前，曾经给皇帝孙皓呈上自己最后的一封奏章，奏章的全文被收录在《三国志·陆抗传》之中。这是一篇催人泪下的文字，陆抗对国事的深深忧心，而孙皓对国事的漫不经心，都在其中呈现出来。奏章的第一段云：

> 西陵、建平，国之蕃表；既处下流，受敌二境。若敌泛舟顺流，舳舻千里；星奔电迈，俄然行至；非可恃援他部，以救倒悬也。此乃社稷安危之机，非徒封疆侵陵小害也。臣父逊，昔在西垂陈言，以为："西陵，国之西门；虽云易守，亦复易失。若有不守，非但失一郡，则荆州非吴有也。如其有虞，当倾国争之。"

大意是说，西陵、建平两地，是藩屏国家的边塞要地；两者处于西面益州的下游，要遭受敌方从益州、荆州两个方向发起的进攻。如果敌方的水军从益州顺江而下，那就如同星坠电闪一般快速，一会儿就会到达，所以这两地不可能依仗其他地方的援救来解除危机。因此，这两地关系到国家的安危，而非边境上遭受侵扰的小小问题。微臣的父亲陆逊，当初曾在镇守西部时呈奏表章，他认为："西陵，是国家的西大门；虽说容易防守，但也容易丢失。如果不能牢牢守住，非但会丧失一个郡，就连整个荆州也会落入敌手。所以如果上述两地一旦出现问题，就应当倾全国之力进行争夺啊！"

——以上第一段开门见山，指出了上游的西陵、建平，也就是现今长江三峡东端的出口一带，对于孙吴政权的极端重要性。第二段云：

> 臣往在西陵，得涉逊迹，前乞精兵三万，而主者循常，未肯差赴；自步阐以后，益更损耗。今臣所统千里，受敌四处；外御强对，内怀百蛮。而上下现兵，才有数万；羸弊日久，难以待变。

大意是说，微臣继承先父镇守西陵时，早就请求朝廷能够增补精兵三万人，但是主办者循照常规，不肯增补；自从经过平定步阐之乱的作战后，西陵的兵力损耗更加增大。现今微臣的防线绵延千里，四面受敌；对外要抵御强大的敌国，对内要稳定各种少数民族。而上上下下的现有兵力，才有几万人；这种兵力缺损的状况已经持续很久了，难以应对将来形势的突然变化呀！

——以上是第二段，陈述当前在西陵的军事防务上，兵力严重不足的现状。接下来第三段云：

> 臣愚以为：诸王幼冲，未统国事；可且立傅、相，辅导贤姿；无用兵马，以妨要务。又黄门竖宦，开立占募；兵民怨役，逋逃入占。乞特诏简阅，一切料出；以补疆埸受敌常处，使臣所部足满八万。

大意是说，微臣以为：现今皇族亲王的年龄幼小，没有掌管国事，可以暂时配备老师等辅导官员就行了，无需为他们配备军队，以免妨害增补军队兵员的要务；另外还有宫廷的高级宦官，前往民间公开招募自愿充当宦官者，士兵和平民有的因为怨恨兵役和徭役，纷纷逃跑前去应募。微臣请求陛下特别下发诏令，对此进行严格核查，将全部符合参军的男丁清理出来；然后用他们来补充边疆上经常面临敌人进攻的要地，使得微臣的部下能够达到满员的八万人。

——上面这第三段提出西陵兵力如何增补的两条具体办法。两条办法分别涉及两种制度背景：首先，孙皓当上皇帝后，沉迷酒色，妻妾众多，因而生下一大堆儿子。为了提升这批小娃娃的身份，也为了自己手中能够直接控制军队，孙皓曾经两次分封娃娃们为亲王，每名亲王配备三千精兵，共计分封二十二名亲王，配备精兵六万六千人。陆抗临死的前一年，即凤凰二年（273 年）九月的第一次分封，就封了十一名亲王，配备了精兵三万三千人。奏章中所说的"诸王幼冲"，指的就是这件事。其次，早在孙权时起，就有奏章中所言的"占募"，这是特指公开招收宫廷供驱使的低等宦官。"占"，是指老百姓如实自报，报告家庭中有无先天性生殖器官缺损的男性；而"募"，是招募自愿入宫充当低等宦官的男人。由于孙皓时期的兵役、徭役异常繁重，所以不少男性为了逃避兵役和徭役，甘愿前去应募，充当低等宦官，这也造成后备兵员的大量减少。

> 若兵不增，此制不改，而欲克谐大事，此臣之所深戚也；若臣死之后，乞以西方为属：愿陛下思览臣言，则臣死且不朽。

——以上是奏章的最后一段，是饱含忧虑的谆谆叮嘱：如果西陵的兵力不增加，现行的制度不改变，而想要做成大事，这是微臣深深担心的问题；如果微臣不幸身亡，请求把西面的防务作为临终嘱托：但愿陛下能够思考微臣这些话语，那么微臣就死而不朽了。

人之将死，其言也善。然而当时的皇帝孙皓，对陆抗这一番情辞极其恳切的临终嘱托，却根本没有理会。为何此时孙皓对陆抗的倚重之心，明显不如以往了呢？原来，这与一个人的两句对答之语密切相关。

几年之前，孙皓与陆抗的族兄陆凯，曾经有过一次面对面的谈话。那时候，陆凯正担任孙吴的左丞相。

孙皓问道："爱卿的宗族成员在朝为官者，究竟有多少人呀？"

陆凯如实回答说："总计有两人担任了丞相，五人封了侯爵，还有十余人领兵担任将军。"

孙皓惊叹道："真是兴盛呀！"

陆凯却神态严肃地回答说："君主贤明而大臣忠贞，这是国家的兴盛；父亲慈爱而儿子孝顺，这是家庭的兴盛。如今政治荒废，令人担忧国家的危亡，微臣哪里敢说什么兴盛啊！"

孙皓根本听不进陆凯的忠言进谏，反倒对强盛的陆氏家族起了深深的戒心。他之所以坚决不给陆抗的战区增调兵力，深层次的玄机正在于此。

在这种心理的驱使下，孙皓对西大门战区不仅不增兵，反而还要"分兵"，也就是在陆抗去世之后，要将其属下的五万兵力，采用一种分而治之的策略，使其力量从集中变为分散，从强劲变为削弱，以免对自己的皇权有所威胁。

具体的办法，就是利用孙吴领兵制的父子世袭性质，把这五万人马，分期分批，划归陆抗的儿子们统领，而且把他们分开，驻守在不同的防地。比如大儿子陆晏，担任夷道监，驻守在夷道，即今湖北省宜都市；二儿子陆景，也就是孙皓的亲妹夫，则担任水军都督，驻守在乐乡，即今湖北省荆州市荆州区西南的长江对岸。其余尚未成年的三兄弟，即陆玄、陆机、陆云，也都保留了领兵为将的资格，今后在合适的时候继续分领人马。在分散陆抗兵力的同时，对于陆凯死后留下的家庭亲属，孙皓也下令全部流放到边远的建安郡（治所在今福建省建瓯市），以此发泄心中的不满。

在此之后，孙皓再度分封自己十一个幼年儿子为亲王，每人配备精兵三千。于是，总计三万三千主力部队，又用在完全不能发挥镇守国家西大门的闲散位置上。

南边的孙皓在西大门的军事防务上一再自毁长城，北方的西晋武帝却在认真制定方略，努力集中全国之力，准备首先从孙吴的西大门方向实施强力突破，一举攻灭孙吴而统一天下。陆抗临终前忧心不已的事，很快就要变成现实了。

西晋武帝咸宁二年（276年），长期在荆州一带与陆抗对战的征南大将军羊祜，向晋武帝秘密呈上长篇奏章，分析有利形势，制定战略方针，正式建议动员全国力量，集中进攻孙吴。从此之后，"灭吴"两个字，就开始在晋武帝的心中生根发芽。两年之后的咸宁四年（278年），羊祜病逝，临终前举荐足智多谋的杜预接替自己，出任南方荆州战区的总指挥官。杜预不仅认真进行大战前的准备，而且连续向晋武帝呈送表章，强调暴虐无道的君主孙皓在位，是一举灭吴的天赐良机，绝对不能错过。在心腹大臣张华的极力促成之下，晋武帝终于下定了决心。

晋武帝咸宁五年（279年）十一月，西晋出动二十多万大军，分成六路，从西面、北面，合力进攻孙吴。果然不出陆抗生前所料，敌军之中锋芒最为锐利，进展最为神速，威胁也最为巨大的一路，就要数从益州的上游顺流而下，向孙吴西大门实施强力突破的王濬水军了。

王濬此前得到羊祜的大力举荐，前往益州担任军政长官，晋升为龙骧将军。晋武帝起心灭吴之后，所采取的一项关键性举措，就是下令王濬在三峡上游的益州，预先打造数量众多的大型战船。这种战船被称为"楼船"，是特别针对孙吴的水军而设计，特点是体积庞大，而且在甲板上安装有高大的城楼，不仅可以居高临下，从中发射强弓利箭，对孙吴的水面舰艇形成巨大威胁，而且又能防御对方战船的弓箭攻击。若干艘这样的大型战船，彼此相连之后，又会形成一个巨大的水面作战平台，这就是所谓的"连舫"。"连舫"既能够抵御长江上的暴风巨浪，每一艘又能够装载两千多名将士，还可以在甲板上纵马驰骋，进行快速的策应。王濬精心打造的强大舰队，在当时的战争史上极为罕见，史书上的形容是八个字："舟楫之盛，自古未有！"

王濬在益州长江之滨大力打造战船的过程中，曾经有大量的木材废料，诸如刨花、锯屑、碎木块之类，随着滔滔江水，流向长江的下游。孙吴在西陵防区驻守的将领吾彦，最先发现这一异常现象，并且立即把一部分木材废料呈送给皇帝孙皓，说这是敌方正在打造战船，将要大举入侵的确凿证据，请求尽快增加西部边陲的防守兵力，以保安全无忧。到了这样严重的危急时刻，孙皓依然不把西大门的防守当作一回事。于是，孙吴的灭亡就无可挽回了。

西晋武帝太康元年（280年）春正月，王濬指挥强大的水军舰队，从益州的首府成都出发，扬帆东下，穿越长江三峡，一路势如破竹。仅仅一个月后的二月初三日庚申，孙吴的西大门，也就是位于三峡东口的军事重镇西陵，就被王濬轻轻松松攻打下来，西晋的水军舰队开始进入后世所称的江汉平原。初五日壬戌，驻守夷道的陆抗大儿子陆晏，在守城战斗中壮烈战死，夷道、荆门这两座滨江军事要塞被西晋军队占领。初六日癸亥，驻守乐乡的水军都督，即陆抗的二儿子陆景，又在水面激战中壮烈战死。初八日乙丑，早在陆抗时期就建立在长江南岸之滨的乐乡军事大本营，也被西晋大军攻克。从此之后，孙吴的沿江军事要塞，纷纷望风而降。当年的三月，王濬的八万水军，就全部抵达孙吴首都建业的石头城要塞之下，但见战船满江，旌旗蔽日，威震孙吴朝野。三月十五日壬寅，生性异常凶恶但又异常怕死的孙皓，被迫吩咐下人用绳索把自己捆上，抬起棺材，前去向王濬磕头投降。

至此，从孙策攻取江东时算起，延续了八十六年的孙氏政权宣告灭亡，三国历史正式宣告终结。而陆抗临终前的深深忧虑，终于完完全全变成了无比残酷的现实。五百多年之后，唐代大诗人刘禹锡，以这段沧桑往事作为题材，写成了不朽的七言律诗《西塞山怀古》，诗云：

王濬楼船下益州，金陵王气黯然收。

千寻铁锁沉江底，一片降幡出石头。

人世几回伤往事，山形依旧枕寒流。

从今四海为家日，故垒萧萧芦荻秋。

不难看出，正是陆抗满腔的忧国忠心，化作了诗人笔下的悲怆场景。不知当初磕头投降的孙皓，回想起陆抗对自己的谆谆警示来，其心中的滋味究竟如何？

亡国者的命运，当然是无比惨痛的。

按照当时的通例，举手投降的皇帝孙皓，首先必须向受降者王濬，呈交本国最紧要的文件档案图册。当时孙皓所交出的一切，史书记载的具体项目如下。

一是全国的领土资源：包括四个州，即扬州、荆州、交州、广州，共计下辖四十三郡，三百一十三县。

二是全国的人力资源：包括在册平民五十二万三千户，官吏三万二千人，军队二十三万人，总计男女人口二百三十万人。

三是全国的物质资源：包括米谷二百八十万斛，舟船五千余艘。

四是宫廷的特殊资源：包括后宫以女性为主体的五千

余人。她们中的妙龄美女，此后都成为西晋武帝皇宫中的战利品。

对于孙吴政权而言，这不是一连串的枯燥数字，而是实实在在的祖传社稷江山。但是，只因为遇到了一个冥顽不堪的败家子，锦绣江山在一个早晨就完全拱手让人了。这就应了民间的俗话："创业好比针挑土，败业如同水推沙。"

拱手交出江山还不算，孙皓还必须接受全家被强制迁徙到西晋首都洛阳的难堪境遇。这一年的五月，孙皓全家来到洛阳。四年之后的冬天十二月，犹如囚徒一般的孙皓，在凛冽的寒风中离开人世，年仅四十二岁，从此作了异乡之鬼，得到他应有的悲惨下场。

命运同样惨痛的，还有陆抗侥幸生存下来的三个儿子，也就是陆机、陆云和年龄最小的陆耽。他们不仅要面临国家的破亡，而且还遭遇到家庭的死散。大哥陆晏、二哥陆景，同时为国捐躯，而三哥陆玄也在西晋进攻孙吴之前不幸去世。早在六年之前，当父亲陆抗在乐乡大本营离开人世之后，年仅十四岁的陆机和十三岁的陆云两兄弟，以及最小的老弟陆耽，就跟随兄长们带领一支亲兵，护送父亲的遗体，从长江上游乘船东下，回转家乡的吴县安葬。领兵为将的陆晏、陆景、陆玄三位兄长，因军务在身，不能久留，所以一旦办妥父亲的安葬事宜，立即迅速离开家乡，回转上游继续为朝廷效命。而年龄还未成年的三兄弟，则暂缓动身，继续在老家为父亲守孝。

但是，不过两年光景，年方十六岁的陆机，就被皇帝孙皓正式任命为牙门将军，要在陆抗原来的乐乡大本营当中，统领父亲留下来的一支人马，开始担任作战任务。而且任命下达之日，要求陆机立即启程，不得有任何的迟延。此时的陆机，三年的居丧期限尚未满，孝服还依然在身。显然，这又是孙皓在继续实施他对陆氏家族"分兵而治"的手段。

所谓的牙门将军，简称牙门将，乃是三国时期一种军职的名称，属于将军这一大类当中的低等。那时候，军队大营的中军大帐前面，竖立有一根高大的旗杆，悬挂着巨大的军旗。这种军旗不仅有特定的图案，而且镶有尖牙形状的花边，故而习称为"大牙"。当初孙权就为自己的中军大帐，定制了一幅具有黄龙图案的巨大军旗，叫作"黄龙大牙"。牙门将军常在中军大帐门口的大牙军旗下等候命令，故而得到这一名称。

话说陆机与两位老弟陆云、陆耽依依话别，离开家乡奔赴上游。后来他在一组赠送老弟陆云诗歌的序言中，描绘当时自己的痛苦心情说：

> 余凤年早孤，与弟士龙，衔恤丧庭。续会逼
> 王命，墨绖即戎，时并紫发，悼心告别。

这段文字，就是他们兄弟第一次被迫天各一方的真实写照。大意是说，自己当初很早就失去父亲，与弟弟陆云（字士龙），一同忍受悲痛为父守丧；后来碰上朝廷命令的逼迫，身穿丧服前去从军；当时我们两兄弟都还是束发的少年，也只能怀着哀悼之心分手告别。

又过了四年相对平静的日子之后，刚刚来到成年时期的陆氏兄弟，就遭遇到国亡家破的巨大变故。此时才十九岁的陆云，与幼弟陆耽依然在家乡吴县，统领家兵，代表兄长们守护父亲的墓园，距离两国交兵的战场相当遥远，所以境遇还稍好一点。但是，刚满二十岁的陆机，身处西部前线的激烈战场，情况就大不一样了。当他在第一时间得知大哥陆晏、二哥陆景英勇捐躯的噩耗之后，立即趁着王濬水军舰队继续乘胜东下的时机，带上亲兵前往两位兄长牺牲的战场，好不容易找到两人的遗体，将其运回了乐乡大本营，暂时安葬在一处妥当的地方。

就在他办妥这一切之际，另一支西晋的主力军团，又对乐乡大本营发起了猛烈的扫荡。在敌强我弱、军心涣散的情

况下，究竟是为了当前国家的尊严，仿效两位兄长而献出自己的生命，还是为了今后家族的延续，忍受屈辱而举起双手投降，陆机必须作出艰难的选择。经过一番激烈的思想斗争，陆机终于选择了后者，于是缴械投降，成为对方的一名俘虏。

俘虏陆机的敌军主将，是西晋皇朝中第一流的将领，名叫杜预，字元凯，京兆尹杜陵县（今陕西省西安市东南）人氏。他属于名门之后，祖父杜畿、父亲杜恕，都是曹魏的著名臣僚。当王濬指挥大军从长江三峡杀出来的时候，杜预正在襄阳担任西晋荆州的军政长官，他立刻挥兵从襄阳南下，指向孙吴的重要城市江陵（今湖北省荆州市荆州区），形成与王濬主力军团密切配合的态势。王濬的水面舰队，任务主要是对沿江的孙吴军队水面主力，实施快速性的突然打击，最后目标直指下游的孙吴都城建业；而杜预的陆上部队，则负责对长江两岸更为宽阔地带的残余孙吴军队，进行全面彻底的扫荡和清剿。由于准备充分，计谋出色，所以杜预在荆州战场也取得了辉煌的战果，总计他的麾下，斩杀和俘获孙吴高级将领十四人，普通的牙门将领和中级的行政官员郡太守一百二十余人。而在普通的牙门将领之中，就有身为牙门将军的陆机。

　　杜预为人的特色，一是学识渊博，尤其是对儒家经典《左传》有精深研究，所以自称有"左传癖"。他所撰写的《春秋左氏经传集解》，至今依然是《左传》研究者的重要参考典籍。二是文韬武略，两者兼备，他既是西晋武帝攻灭孙吴战略计划的主要策动者，又是这一战略计划的具体实施者。他对陆机的祖父陆逊、父亲陆抗，自然是早有了解，所以对于同样出自名门之后的陆机，特别给予了较好的优待。陆机对杜预也不陌生，被这样的杰出人物所俘虏，他心中的屈辱多少减轻了一些。

　　西晋武帝太康元年（280年）的五月，孙吴被俘群体中的天字第一号，即末代皇帝孙皓，被送到了西晋的首都洛阳，作为辉煌战果展示一番。为了显示统一皇朝无比深广的德泽，晋武帝宣布：封赐孙皓的名号为"归命侯"，每年给予米粮五千斛、钱五千万、绢五百匹、绵五百斤的丰厚赏赐；孙皓的太子孙瑾，给予中郎的官职；其余儿子中曾被封王者，一律给予郎中的官职。晋武帝如此的怀柔性举措，并非他的"创新"。早在十七年前的公元263年，其父司马昭所控制的曹魏政权，在接受蜀汉君主刘禅的投降之后，就对刘禅及其子孙，还有随同投降的一批臣僚，都给予优待和封赏。所以晋武帝此举，实际上只是在模仿他的老爸而已。

就在一片祥和的封赏气氛中，包括陆机在内的孙吴荆州官员被俘群体，也先后被送到了洛阳。陆机后来对这段不堪回首的往事，曾有如下四言诗句进行概括：

虽备官守，位从武臣。守局下列，譬彼飞尘。

洪波雷击，与众同泯。颠沛西夏，收迹旧京。

俯惭堂构，仰懵先灵？孰云忍愧？寄之我情。

翻译成白话诗就是：

虽然我是吴国的官员，职位上却是带兵的武臣。

在排名上也处于下等，就好比是那飞扬的微尘。

遭受洪波的如雷打击，就与部众一起同归于尽。

在西部荆州颠沛迁徙，足迹又来到了洛阳旧京。

低头时惭愧辱没家族，仰头更难面对先人英灵。

谁说我能够忍受羞耻？我把这一切寄托于感情。

按照当时西晋皇朝的规定，孙吴高级将领在抵抗西晋大军进攻时阵亡，其家庭成员，即所谓的"大将战亡之家"，要从长江以南，强制性迁徙到长江以北的寿春（今安徽省寿县），也就是西晋扬州的行政中心，在此集中居住，接受政府监管，以防备他们在孙吴故地煽起动乱。陆机的家庭，严格说来正是这样的"大将战亡之家"，因为他的大哥陆晏、二哥陆景，不仅都是孙吴的重要将领，而且先后都在荆州前线阵亡。但是，从史书记载的确凿事实来看，陆机和陆云两兄弟，受到了特别的优待。就陆机而言，他并没有被强制遣送到寿春，而是留在首都洛阳。至于陆云，虽然确实从江东的家乡吴县，渡江北上，到了江北的寿春，然而很快就受到西晋扬州刺史周浚的聘用，就地在扬州的州政府，担任了周浚的下属官员，不仅具有充分的行动自由，而且享有俸禄，衣食无忧。

陆氏兄弟受到如此的优待，应当与他们先辈陆逊、陆抗的丰伟功业和美好名声，有着相当密切的关系。作为孙吴政权中最为引人注目的头等将相之家，给予他们破格的优待，可以为依然心存观望的大批孙吴官员，树立起一个最好的归顺示范，使他们的反侧之心逐渐消解，这实际上是西晋武帝在政治上的精明盘算。

孙吴灭亡，三国时期正式终结。但是，作为陆逊孙辈的陆机、陆云兄弟，他们在历史舞台上的表演却才刚刚开始。由于他们接下来在政坛上的打拼故事发生在西晋时期，已经超出了三国的时间界限，所以只能进行简略的介绍。

孙吴灭亡后不久，陆机兄弟先后回到故乡老家的华亭，在山林的鹤唳之声中闭门读书，长达十年之久。西晋武帝太康十年（289 年），两兄弟一同前往洛阳，谋求在政界的发展，此时陆机已经二十九岁，陆云二十八岁。第二年四月，晋武帝去世，儿子司马衷继位，即晋惠帝。其人智商低下，无法有效控制皇权，西晋政局迅速恶化，对中央朝廷权力的血腥争夺，又引发各地皇族亲王大规模激战的"八王之乱"。陆机兄弟在这种极其恶劣的政治环境中打拼，前景如何自然可想而知。最后，陆机因为他人的恶毒诬陷，招致惨痛的灭门之祸，被处死在军营之中，时年仅四十三岁。同时遇害的，还有陆机的两个儿子陆蔚、陆夏，以及陆机的胞弟陆云、陆耽。江东著名的陆氏大家族之中，陆逊、陆抗这一杰出支系的子孙后代，接连遭到国破和家亡的惨痛打击，其赓续和传承的过程，至此就被完全斩断了。这正是：

国破家亡真惨痛，华亭鹤唳也伤悲。

要想知道陆逊家族的祖孙三代，又各自以怎样的方式留名青史，从而永垂不朽，请看下文分解。

第十五章

留名青史

　　儒家经典《左传》中提出过一个非常著名的说法，人要想在身死之后声名永不磨灭，即名垂不朽，有三种实现的方式："太上有立德，其次有立功，其次有立言。"意思是说，第一等方式是建立道德，成为全民的道德典范；第二等方式是建立功勋，成为国家的功臣楷模；第三等方式是建立言辞，成为时代的言论名家。此处的"立言"，含义非常广泛，既包括口头的言语，也包括书面的文句；既包括学术性的论著，也包括文学性的作品。上述三种实现不朽的方式，后世总称为"三不朽"，长期以来成为有志之士进行人生奋斗的高远目标。

如果以"三不朽"作为衡量的标尺，那么陆逊祖孙三代，就做到了三种方式的全面性覆盖，堪称是三国历史文化中难得一见的亮丽图景。

先看祖父陆逊。

纵观上面所述的陆逊一生，他不仅在军事上是所向无敌的全军统帅，而且在政治上也是忠贞正直的朝廷丞相，堪称出将入相，文武兼备，忠勇双全。他的军事生涯，充满了传奇色彩：外表儒雅，自称是一介书生；然而打起仗来，身经百战却从无败绩，就连被评为是"天下英雄"的刘备，也被他打得落荒而逃，从此一病不起。他的政治生涯，又充满了悲剧色彩：公忠体国，正直无私，清正廉明，到晚年时却得不到君主的赞赏和肯定；最后竟然被宫廷的低等宦官一再责备，被逼得悲愤而死。他的军事功勋是如此的卓著，以至于影响到三国鼎立的全局形势，完全达到了"立功"的标准；他的政治品德是如此的优秀，不仅在孙吴一朝，就是放到整个三国时期来看，也属于朝廷大臣中"立德"的典范，完全可以与蜀汉的丞相诸葛亮并肩媲美。

陆逊与诸葛亮相比，在人生的关键之处具备了多方面的惊人相似：

两者都是文武全才；

两者都是各自国家的开国元勋；

两者又都在文武两方面做到了最高的职位，出征则统领全国的大军，入朝则担任朝廷首辅的丞相；

两者都是公而忘私、安邦定国的忠贞大臣，鞠躬尽力，死而后已，为国家献出了自己宝贵的生命；

两者的人生都具有浓厚的悲剧色彩，在壮志未酬之时，心愿未了之际，就溘然长逝，含恨归天；

两者的子嗣都能成为杰出人才，承继家风，做出各自的成就，而不是酒色征逐、辱没家门的纨绔子弟。

正是基于以上惊人的相似，所以西晋史学家陈寿，才在他的史学名著《三国志》中，对此二位，分别安排整整一卷的文字分量来叙述其生平业绩，写成了《陆逊传》和《诸葛亮传》。在《三国志》全书记载的540多位三国臣僚之中，独自一人享有整整一卷文字分量者，仅仅只有陆逊、诸葛亮两人而已。在这两篇特别的传记当中，陈寿不仅如实叙述了他们的生平业绩，而且措辞行文中又饱含了敬仰尊崇之情，并且在传记的末尾给出高度的评价，读来令人感动不已。比如他对陆逊就写出下面这样的评语：

> 刘备天下称雄，一世所惮；陆逊春秋方壮，威名未著，摧而克之，罔不如志。予既奇逊之谋略，又叹权之识才，所以济大事也！及逊忠诚恳至，忧国亡身，庶几社稷之臣矣！

意思是说，刘备称雄天下，当时的人都很畏惧他；而陆逊年纪正轻，还没有建立起赫赫威名，却能战而胜之，完全实现了自己的雄心壮志。我既惊奇于陆逊的谋略奇妙无比，又赞叹孙权的慧眼识才，能够放手使用陆逊以成功大事。到了后来，陆逊又表现出极度的忠诚，进言非常恳切，竟然因为忧虑国事而贡献出自己的生命：他完全算得上是安邦定国的栋梁之臣啊。

总之，陆逊是以"立德"再加"立功"的方式，使自己得以载入史册，光照汗青，实现了声名永垂后世而不朽。

再看陆逊之子陆抗。

根据陈寿《三国志》的确凿记载，陆抗的一生，能够全面继承父亲陆逊的风范，而且在"立德"和"立功"两方面，同样都有非常出色的表现。

从"立德"上说，他处在孙吴最为荒淫暴虐的君主孙皓在位时期，然而却能冒着触犯孙皓龙鳞的巨大风险，一再就治国理政的重大问题，呈奏表章慷慨陈词，提出多方面的有益建议。根据《三国志·陆抗传》的确凿记载，单单是在他的第一封奏疏之中，提出的有益建议就多达十七条，说是每当自己想起国家当前所面临的严峻形势，就会"中夜抚枕，临餐忘食，夙夜忧惮，念至情惨"，其满腔忧国忧民之心，可谓是跃然纸上。他长期在上游的荆州驻守，作为全军的主帅，他完全可以只管军务，对行政事务毫不操心，这样做不仅可以节省精力，还不会有触犯皇帝的巨大风险。但是，他就不是这种明哲保身、世故圆滑的人。他的高尚品德，不允许他这样漠然视之，于是乎大义凛然，直言无隐，置个人得失于不顾，完全称得上是又一个陆逊的再现。

再从"立功"上看，陆抗长期镇守在荆州上游，不仅保卫孙吴的半壁江山，而且扼守长江上游的天险门户，使之固若金汤。特别是孙皓凤凰元年（272年）的西陵之战，他以三万兵马，迎战北面强敌西晋的八万大军，还有西面叛将步阐的上万叛军，两面受敌夹攻而毫无惧色。他能够力排众议，制定出眼光独到的战略方针，又能够在作战之中，充分利用江陵特殊的地理条件，作出稳妥可靠的应对预案。结果在抢先围歼叛军之后，又成功击溃西晋的强敌，打得对方溃不成军。陆抗西陵之战的辉煌胜利，与他父亲陆逊的猇亭之战一起，成为三国时期荆州三峡东端的两大著名战役，堪称父子丰功伟绩的双璧。从此之后，强敌西晋吞灭孙吴的打算被迫暂时搁置下来，再也不敢大举进犯孙吴的西方边境，这种情势直到陆抗逝世之后才完全改变。因此，陆抗堪称是以自己的赫赫军功，成为稳定孙吴后期政局存亡的中流砥柱。正是因为这一点，后来东晋的大臣何充，才会有"陆抗存则吴存，抗亡则吴亡"的深沉慨叹。至于陈寿的《三国志》，则把陆抗的亮丽业绩写成传记，与其父亲的传记《陆逊传》放在一起，并且加上下面精辟的评语：

抗，贞亮筹干，咸有父风；奕世载美，具体而微：可谓克构者哉！

大意是说，陆抗，在为人的正直忠诚、善于筹划、颇有办事才干等方面，都具有乃父陆逊的光辉风范；他能够接续上一代的美德，虽然与其父比起来，功业成就的规模上要稍微小一点，但在总体风范上却是完全相同的：真可以称得上是能够继承父辈光辉事业的杰出人物啊！

于是，陆抗同样也以"立德"再加"立功"的方式，使自己得以载入史册，光照汗青，实现了声名永垂后世而不朽。

最后来看陆逊之孙陆机、陆云兄弟。

从"立德"和"立功"上说，两兄弟的表现显然比不上他们的祖父陆逊和父亲陆抗。但是，陆机依然能够与他的老弟陆云一起，留名史册，光照汗青，实现了声名永垂后世而不朽。这其中的玄机，就在于他与陆云一样，在文学创作领域的"立言"上，作出了足以傲视一代的杰出表现。

陆机与陆云，是西晋文坛上光芒四射的双子星座，因而在西晋历史的记载中，不能不给他们留下重要的位置。最早将他们兄弟生平事迹载入史册的，先后有东晋王隐的《晋书》、南朝萧齐臧荣绪的《晋书》等。但是完整流传到今，因而使他们的声名得以长存不朽的史册，乃是后来唐太宗下令编撰的《晋书》。

唐太宗是一位极为重视编修前代史书的君主。他之所以这样做，既有总结前代王朝兴亡得失，从而能够"以史为鉴"，使大唐皇朝实现长治久安的深远考虑，同时也有在文化建设的领域中，为自己打造光辉的政绩，从而达到"文治"与"武功"相映生辉的现实政治需要。他认为，前人编撰的多种《晋书》，都存在有严重的缺陷，所以他在晚年专门下诏，调集优秀臣僚，在朝廷的史馆中重新编撰《晋书》。除了特别安排宰相房玄龄等担任顶尖级的监修官之外，他还亲自为书中的司马懿、司马炎、陆机、王羲之这四人，撰写了四篇评论文章，所以《晋书》又曾被冠以"御撰"的署名。

唐太宗亲自撰文评论司马懿、司马炎，那是因为这祖孙二人在政治上的得失非常值得反思和借鉴；评论王羲之，那是因为他酷爱其出神入化的书法成就；至于评论陆机，则是因为他钦佩其锦心绣口的美妙诗文。也就是说，唐太宗亲自为陆机撰写评论文章，是被陆机在"立言"上杰出成就深深打动的结果。

陆机、陆云两兄弟的传记，被特别单独安排在唐修《晋书》卷五十四之中。传文首先客观记述了两兄弟在官场上的奋斗打拼，宦海中的起落浮沉，然后又以充满同情的笔触，描绘了他们最后兵败家亡的人生悲惨结局。交代了兄弟二人的生平事迹之后，才在这一卷的末尾，呈现出唐太宗压轴性的评论来。要想知道唐太宗究竟是不是一位"稍逊风骚"的大老粗皇帝，只消看一看评论中的第一段就可知晓：

古人云："虽楚有才，晋实用之。"观夫陆机、陆云，实荆、衡之杞梓：挺珪璋于秀实，驰英华于早年；风鉴澄爽，神情俊迈。文藻宏丽，独步

当时；言论慷慨，冠乎终古。高制迥映，如朗月
之悬光；叠意回舒，若重岩之积秀。千条析理，
则电坼霜开；一绪连文，则珠流璧合。其词深而
雅，其义博而显，故足远超枚、马，高蹑王、刘：
百代文宗，一人而已。

大意是说，古人曾经说过："虽然南方的楚国具有优秀人
才，但这些人才实际上却被北方的晋国使用了。"观察陆机、
陆云这两兄弟，确实称得上是南方的优秀人才。他们在青春
时代就展露出美玉一般的品质，很早就以鲜花一般的才华驰
名遐迩；他们的风度见识清澈而爽朗，神态感情英俊而豪迈。
他们的文章辞藻宏丽，当时无人可与比美；他们的言论慷慨
激昂，又堪称历代的冠军。他们高超的文笔熠熠生辉，如同
晴朗夜晚明月散发的光芒；他们多层的文意回环舒展，又好
比重重山岚累积的秀色。剖析千条文理之时，就像电光闪耀、
霜花散开；连贯一篇文章之时，又似珍珠流动、玉璧扣合。
他们的文章，词句深刻而典雅，含义广博而明显，故而足以
远远超过西汉的枚乘、司马相如，高高凌驾于曹魏的王粲、
刘桢：考察此前的诸多时代，真正称得上"文章宗师"的称
号者，仅仅只有陆机一人而已。

　　这段文字对于陆机兄弟，尤其是陆机在文学上取得的成就，可以说是毫不吝惜赞美之词，给予了顶尖级的点赞。评论是用唐代流行的骈文写成，对仗工整，措辞清丽，与陆机的文豪身份堪称绝配。由此可见，唐太宗其实是一位文化修养极高的君主，文采斐然，下笔生辉。

　　其实早在唐太宗之前，已经有不少名人赞美过陆家兄弟的文章成就了。比如同时代的西晋大臣张华就对陆机说："人之为文，常恨才少，而子更患其多。"说是别人做文章，经常会遗憾自己的文才太少，而您却应当担心自己的文才实在是太多了。

　　又如稍后的东晋葛洪也说："（陆）机文犹玄圃之积玉，无非夜光焉。其弘丽妍赡，英锐飘逸，亦一代之绝乎！"说是陆机的文章就好比是上帝宫殿中积藏的玉器，都是夜晚会闪闪发光的珍宝；其文辞的宏伟美丽，气势的锐利飘逸，可以说是一代的绝唱了。

　　但是，张华和葛洪等人的这些评价，在内容上都没有唐太宗上面这段评语那么细致和具体，在定位上也没有唐太宗评语那么高端和尊崇。古语云："天子无戏言。"唐太宗以一代天子之尊，写出如此一段几乎完美得有些极端的公开评价，原因何在呢？又有何根据呢？

解答问题的钥匙，是一部中国古典文学史上的重要典籍，就是曾经风行于大唐皇朝一代的《文选》。《文选》一书，是我国现存最早的古典文学作品总集，主持编纂者为南朝梁武帝的皇太子萧统。因为萧统死后被赐予"昭明"的谥号，故而此书又习称为《昭明文选》。

萧统自幼聪敏好学，史书说他三岁开始学习《孝经》《论语》，五岁竟然能读完儒家的五经，即《诗经》《尚书》《周易》《礼记》《春秋》，堪称是"学霸"儿童。青年时代他当太子时，收藏的图书就有三万卷之多，简直把自己的太子东宫，办成了一座皇家图书馆。他不仅能诗善文，而且广招擅长文学之士，对此前各个时代的大量诗文作品，进行严格的筛选，最后编成一部集大成的诗文总集，这就是《文选》。

《文选》收入的历代作家，从战国时期的屈原、宋玉开始，包括秦汉、三国、两晋，直到南朝梁代旳沈约、江淹、任昉等，具有实名的共计131位，时间跨度长达800多年。入选的历代诗文作品，分为37个体裁类别，总数为764首。文学作品的入选标准，按照萧统自序所言是两条："事出于沉思，义归乎翰藻。"即作品之中，典故的引用要出自深沉的构思，文字的表达要展现绚丽的文采。总之，就是看作品是否具有完美的艺术魅力，这就是当时认定的黄金级评选标准。

　　附带说一句，上面所说作品总数的"首"，是《文选》中统一使用的作品量词，不仅用来计算诗歌类别的作品，而且也用来计算散文等其他类别的作品。用来计算散文等其他类别的作品时，其含义相当于现今常说的"篇"，

　　正是因为作品选择标准上的精益求精，而且又能兼顾各个时代的各种文体，所以《文选》的出现，实际上就是对此前800多年历朝历代的文学创作成果，做了一个认真的清理和全面的总结。于是乎，在不久之后文风鼎盛的唐代，《文选》就成为一部读书人案头必备的权威性教科书。要想回顾此前的文学发展的历史概况，可以看《文选》；要想了解各种文学体裁的写作和特色，也可以看《文选》；要想欣赏、揣摩和学习古人的写作经验和表现诀窍，更可以看《文选》。由于《文选》的大行其道，对其进行深入的研究和注释，也成为一种专门性的学问，形成了所谓的"文选学"。而各家的注释之中，又以李善所完成的《文选注》最为著名，一直流传到现今。当时在京城长安当官任职的李善，曾将自己这部书稿直接上呈给唐高宗，请求皇帝御览，可见他对自己高质量注释的强烈自信。他的上表中就有这样的话："撰斯一集，名曰《文选》，后进英髦，咸资准的。"说是萧统编撰的这部《文选》，现今的青年英才都视为学习的准绳和目标。作为李善这

一评价的实际例证，后来的诗圣杜甫，就在他教导儿子的五言诗中，写下"熟精《文选》理"的名句，要求儿子把《文选》中的作品读熟又读精，打好坚实的基本功。连诗圣都如此重视这部诗文总集，其他人就可想而知了。

弄清楚《文选》在唐代风行一时的背景，再来解读唐太宗对陆机极度赞美的原因就比较容易了。因为根据《文选》所统计的数据，在全部764首作品之中，入选作品数量排名前三位的作家是：陆机110首，曹植40首、谢灵运40首。陆机一人就占了全部作品数量764首的14.39%，即七分之一，高居第一名，比第二名曹植和第三名谢灵运的作品总和还多。至于上面所引唐太宗评语中提到的西汉枚乘、司马相如，曹魏的王粲、刘桢这四位，其入选作品数量更是比不上陆机了。

另外，陆机入选作品所涉及的体裁类别，共有8个，在入选作家中也是位列前茅。包括了赋2首，诗51首，表1首，序1首，颂1首，论3首，连珠50首，吊文1首，在总计37个类别中占了18%，将近五分之一。

入选作品的数量多，证明作者不仅创作才能非常杰出，而且创作精力也非常旺盛；体裁类别的数量多，证明作者不仅创作能力非常全面，而且创作兴趣也非常广泛。至于唐太宗评论中提到陆机之前的四位优秀作家，包括西汉的枚乘、司马相如，曹魏的王粲、刘桢，入选作品的数量分别只有 10 首、7 首、14 首和 10 首；体裁类别数量也分别只有 2 个（七、上书），4 个（赋、上书、檄、符命），2 个（赋、诗），1 个（诗）。对比之下情况是如此悬殊，难怪唐太宗会发出"故足远超枚、马，高蹑王、刘：百代文宗，一人而已"的总结性评论了，因为他有《文选》提供的数据作为可靠证据。

特别需要指出的是，陆机入选《文选》的作品不仅在数量上最多，而且有的作品还在中国古典文学史上具有重要地位和不朽价值，比如列在第十七卷中的《文赋》就是如此。

中国古典文学作品的繁荣与否，与文学理论的是否繁荣密切相关。早在魏晋南朝，文学理论已经开始萌生、发展和形成，这就为后来古典文学的繁荣，比如唐、宋诗文的灿烂成就创造了极为有利的氛围和指引。而魏晋南朝文学理论的形成过程，曾经出现三段式的里程碑：第一个里程碑是魏文帝曹丕的《典论·论文》，标志着文学理论的萌生，这在本系列《曹丕》一书的第十二章"文采风流"中已经有详细介绍，此不赘述；第二个里程碑就是这里说的陆机《文赋》，标志着文学理论的发展；第三个里程碑则是南朝刘勰的《文心雕龙》，标志着文学理论的形成。

陆机《文赋》的原文将近 2 000 字，详细论述了文学创作中的构思、文体、词语、声音、警策、情采等诸多问题。曹丕在《典论·论文》中，把当时的文学作品粗分为奏议、书论、铭诔、诗赋这四种文体，而陆机加以发展，进一步细分为诗、赋、碑、诔、铭、箴、颂、论、奏、说这十种文体，并且逐一提出写作时应当达到的具体要求。陆机本人就是高产作家，所以在他这方面的论述是非常具有借鉴价值的经验之谈，而非不着边际的空论。总之，他与曹丕、刘勰一样，都是中国文学理论史上不朽的先驱者。

陆机死后留下来的单篇作品，据后世学者统计竟有 300 余篇之多，他在"立言"上的不懈努力和杰出表现，确确实实足以使他声名不朽了。

除了汗青史册的事迹记载，本人创作的各类作品之外，使得陆机声名长存人间而不朽的有形载体，还有非常特殊的一种，这就是陆机亲笔书写的书法艺术瑰宝《平复帖》。

陆机的《平复帖》，是我国现存年代最早的纸本书法珍品，素有"天下第一帖"的美名。此帖流传有序，曾经进入北宋、清代两朝的皇宫。北宋时由皇家内府收藏，故而帖上有宋徽宗本人的瘦金体"晋陆机平复帖"六字泥金题签，清代乾隆时又被收入皇家内府。后来被大收藏家张伯驹先生以重金购得，并在 1956 年捐献给国家，现藏于北京故宫博物院。

全帖共计 9 行，86 字，以当时的章草字体书写，笔势奇古，功力内敛，风韵满纸，堪称神品。按照启功先生的释读，其内容是一篇简短的书札，叙述了贺循（字彦先）等三位友人的近况：

> 彦先羸瘵，恐难平复。往属初病，虑不止此，此已为庆。承使（唯）男，幸为复失前忧耳。（吴）子杨往初来主，吾不能尽；临西复来，威仪详跱，举动成观，自躯体之美也。思识□量之迈前，势所恒有，宜□称之。夏（伯）荣寇乱之际，闻问不悉。

大意是说，彦先的身体在重病之后非常虚弱，恐怕一时难以平复。当初他发病之际，我对他的担忧岂止是身体受损而已（言外之意是担忧他重病死亡），所以现今这种情况已经值得庆幸了。眼下他有儿子在身旁听候使唤，就更没有当初那样的担忧了。还有吴子杨，当初来到我家，我未能尽到地主之谊；此后他临到出发西行之前再次来访，这次他的仪表安详稳重，举止动作也很美观，自有一种体态之美。他在思想见识上也超过从前，势必成为今后的常态，应当得到称赞。至于夏伯荣，因为战乱的发生，对他的近况就不大清楚了。

陆机这一书法艺术瑰宝，后世的研究成果很多。笔者从中择善而从，并加上一些自己的看法，对下面三个重要问题简略加以介绍。

第一个问题，这封书信是写给谁的？

仔细品味这篇书札，措辞亲切而随意，开头也没有对方的姓名和问候语，末尾也没有自己的署名，应当是写给关系极为亲近的人。提到友人"彦先"时，又只说其表字，没有加上姓氏，可见彦先不仅是陆机极为尊敬的好友，而且也是接收书札者非常熟悉的友人。有学者认为，接受书札者应当是陆机的胞弟陆云，这一判断应当是可信的。

第二个问题，书信中的"彦先"是指谁？

根据史书的可靠记载，陆机当时的重要友人中，有两位的表字都是"彦先"，一位是贺循，另一位是顾荣，两人都在《晋书》中有传记。究竟是指谁，学者有不同说法。比较之下，应当是指前者更为合理，原因主要有如下两点：

一是贺循曾经因身体患病而辞职，这在《晋书·贺循传》中有明确记载。贺循，字彦先，会稽郡山阴县（今浙江省绍兴市）人氏。他与陆机一样，都出自江东的名门大族，其曾祖贺齐、祖父贺景、父亲贺邵，都是孙吴一朝的显要官员。孙吴被西晋灭亡后，贺循曾经应召到西晋皇朝的首都洛阳担任太子舍人、侍御史的官职，然后"辞疾去职"，即因病辞去官职，这就与书札上开头的两句话"彦先羸瘵，恐难平复"，能够完全吻合无间了。

二是陆机非常之关爱贺循，这也在《晋书·贺循传》中有确凿的证据。孙吴灭亡后，贺循最初在家乡江东的阳羡县、武康县（县治分别在今江苏省宜兴市、浙江省德清县）担任县令。由于在西晋朝廷中没有人脉关系，所以他尽管政绩突出，依然久久没有向上升迁。这时在朝廷担任著作郎的陆机，便直接向皇帝上了一本奏疏，大力推荐贺循出任中央的官职。后来，贺循终于被朝廷任命为皇太子宫中的一名下属，正式官名叫作"太子舍人"，具体任务是侍从太子讨论文学问题。陆机这篇奏疏，在《三国志·贺循传》裴松之注引虞预《晋书》，以及唐代官修《晋书·贺循传》中都曾加以引录。虽然两者的文句有所不同，但是陆机对于贺循的关爱之心，却都充分显现出来。读了陆机的奏疏，再来品味陆机书写的这通书札，就会觉得两者表现出来的情绪也是完全吻合无间的。

陆机为何如此关爱贺循？不仅因为贺循是他的江东大同乡，又都是孙吴显要官员的后代，更为关键的一点，是在于两人的先辈都曾因为忠诚正直而遭受过孙吴君主的残酷打击，故而有"惺惺相惜"的特别情结。上文已经说到，陆机的祖父陆逊，因为忠诚正直而遭到孙吴首位皇帝孙权的无情追查，结果愤懑而死。而贺循的父亲贺邵，也因为忠诚正直而遭到孙吴末代皇帝孙皓的残酷打击，竟然被孙皓残酷处死，贺循也被流放到边远的临海郡（治所在今浙江省临海市东南），直到孙吴灭亡后才回到老家。总之，多方面的因素使得陆机与贺循结下深厚情谊，所以陆机要大力举荐贺循到洛阳任职，贺循到洛阳患病后，同在异乡为异客的陆机，不仅非常关心他的病况，而且病况稍有好转后还及时写信转告胞弟陆云，这完全是合乎情理的事。

第三个问题，陆机在何时、何地书写的这封书信？

对此问题，历代学者看法不同，主要分为晋武帝时、晋惠帝时两种。

明代的文献认为："作于晋武帝初年，前王右军《兰亭燕集序》大约百有余岁。"说是书写在西晋武帝初年，早于王羲之书写《兰亭集序》大约有一百多年。这一说法常被后世所袭用，可惜并不可靠。所谓"晋武帝初年"，意思是晋武帝称

帝之初。而晋武帝称帝的准确时间，是在泰始元年，即公元
265年，此时的孙吴政权还没有灭亡，陆机也才是虚岁五岁的
儿童，所以绝无书写出这样杰出作品的可能性。

　　相形之下，认为在晋惠帝时的看法更为可信。根据《晋
书·贺循传》明确记载，贺循在洛阳任职时患病，并且离职
回转家乡江东，是在赵王司马伦篡夺帝位之前的事。而司马
伦篡位的时间，是在晋惠帝永宁元年（301年）的元月初九
日乙丑，这应当就是陆机写出这封书信的时间上限。至于时
间下限，则是司马伦被诛杀的当年四月十三日丁卯，因为此
时的陆机，被怀疑是司马伦的同党而遭致下狱监禁，正在为
自己的生命安危而焦虑不已，绝对不会有如此平和的心态来
书写信札，转告友人贺循的病况。总之，《平复帖》的书写时
间，应当是在西晋惠帝永宁元年（301年）的元月初九日到
四月十三日之间；至于书写的地点，应当是在当时陆机、贺
循任职的京城洛阳。到了五十二年之后的东晋穆帝永和九年
（353年），王羲之才写出了不朽的《兰亭集序》，书写的地点
正好就在贺循的故乡，也就是会稽郡的山阴县（今浙江省绍
兴市）。

　　如果在贺循因病辞官回乡的同时，陆机也能够断然离开
政局险恶的京城洛阳，一同结伴回转江东的话，以他远比贺

循更为显赫的家世和更为重要的职务，那么不久之后司马睿南迁江东建立东晋皇朝之时，他也会与贺循一样，成为东晋皇朝的开创元勋之一，在"立功"上接续起先辈的荣光了。在"立功"上刻意追求，最终却未能如愿，倒是平静写下来的这九行文字，却为千年之后的当今，留下这件"天下第一帖"的文化瑰宝，成为他所创造的又一个"第一"，这真是"有意栽花花不发，无心插柳柳成荫"了。

除了文学作品和书法艺术之外，陆机还与他的先辈一起，再度创造了又一个"第一"，这就是江东的第一文武名家。

纵观中国古代历史发展的大格局，从先秦到两汉，作为社会主干力量的名门大族，在江东地区出现得还很少，可谓是寥若晨星，与北方中原数量众多的景象形成了鲜明的对比。但是，从六朝开始直到明清，名门大族却在江东地区大量涌现出来，其数量不仅完全可以与北方中原并肩媲美，甚至于还有后来居上之势。

发生明显变化的转折点在哪里？就在东汉末年的三国、西晋时期。在这100多年之中，随着孙吴在江东建立起有效行政统治的皇朝，并且对当地进行大规模、深层次的经济开发，一大批名门大族开始在江东的各地成长崛起，其中的佼佼者，包括吴郡的陆氏、顾氏、朱氏、张氏，会稽郡的虞氏、魏氏、孔氏、贺氏，丹杨郡的纪氏、葛氏，吴兴郡的沈氏、姚氏，义兴郡的周氏、许氏等。但是，在这一大批江南本土名门大族之中，最具光彩因而居于领头位置的究竟是谁呢？就是吴郡吴县的陆逊家族了。

从家族产生影响的范围和大小来说，陆逊家族的陆逊、陆抗以及陆机、陆云祖孙三代，在各自所处的政权之中，都能跻身于军政、文化舞台之中心，奋力进行各自的表演；他们的活动，都能够影响到各自所处政权的历史走向和政局大势。比如陆逊，他的猇亭之战，奠定了孙吴政权在三峡一线的稳定疆界；其后的石亭之战，又改变了孙吴北面与曹魏的被动军事态势，开始转守为攻取得主动，并在政治上促成了孙权从称王升格到称帝；他后来在担任丞相时愤懑而死，则成为孙吴政局由兴旺变为衰落的关键点。又如陆抗，长期镇守孙吴的西大门荆州，蜀汉灭亡后面临西晋大军的两面夹攻时，他从容应对，奇谋迭出，击退强敌，一身系国家之安危，使对方此后不敢贸然进犯，连东晋的大臣何充，也发出“陆抗存则吴存，抗亡则吴亡”的深沉慨叹。至于陆机，他在西晋时期河桥之战的失败，也从反面造成了当时西晋政局的巨大改变，其影响同样巨大。因此，从家族产生影响的范围和大小来说，陆逊家族在时间上，乃是江东最早的第一家。

再从家族成员才能的全面和杰出来说，陆逊家族的祖孙三代，不仅是文武兼备，而且在文才、武略两方面都属于一代的精英。陆逊、陆抗，都曾经出任孙吴全国军队的主帅，而且两人作战时都曾所向无敌，面对强手劲敌也没有打过败仗，堪称是父子两代常胜将军。陆机、陆云兄弟，则是西晋文坛大放光芒的双子星座，以大量的诗文作品以及书法瑰宝，在中国文学史和文化史上，留下了不朽的美名。儒家所提倡的立功、立德、立言这"三不朽"，能像这样完美兼备者，陆逊家族也是江东表现最好的第一家。这正是：

若论声名三不朽，江东第一是他家。

本书至此结束，读者诸君如果意犹未尽，请看本系列的其他作品。

附录一

陆逊三代大事年谱

公元	干支	帝王年号	大 事
183	癸亥	汉灵帝光和六年	陆逊出生,虚岁一岁。祖籍扬州吴郡吴县,在今江苏省苏州市。家住吴县的华亭,在今上海市松江区华亭镇。祖父陆纡,父亲陆骏。少年时因父亲早逝,由叔祖父庐江太守陆康抚养。
193	癸酉	汉献帝初平三年	陆逊十一岁。从庐江郡回到江东故乡吴县。陆康因受孙策进攻,发病去世。
195	乙亥	汉献帝兴平二年	陆逊十三岁。孙策从淮南攻占江东,建立孙吴政权基础。

续　表

公元	干支	帝王年号	大　事
200	庚辰	汉献帝建安五年	陆逊十八岁。孙策被仇家暗杀，其弟孙权接掌政权，时年十九岁。
213	癸巳	建安十八年	陆逊三十一岁。约在此年前后，孙权将孙策之女许配与陆逊为妻，并向其咨询紧急政务。遂尽心进献"围取山越"的重要方略，孙权随即委任其为帐下右部督，负责实施之，取得极好效果。
219	己亥	建安二十四年	陆逊三十七岁。担任偏将军，驻屯陆口，配合主将吕蒙，成功袭杀关羽，攻占上游荆州。因功升任抚边将军，受封华亭侯。不久又晋升右护军、镇西将军，晋封娄县侯。
221	辛丑	蜀汉先主章武元年	陆逊三十九岁。被孙权提拔为大都督，担任主帅，全力抵抗东下复仇的刘备大军。孙权开始在鄂县建立都城，改其名为武昌。
222	壬寅	吴大帝黄武元年	陆逊四十岁。闰六月，采用火攻战术，在猇亭大破刘备。晋升辅国将军，兼任荆州牧，改封江陵县侯。当年十月，孙权宣布"黄武"年号，政治上脱离曹魏完全自立。
224	甲辰	黄武三年	陆逊四十二岁。儿子陆抗出生。
228	戊申	黄武七年	陆逊四十六岁。八月，曹魏大将曹休率军十万从淮南进攻东吴，陆逊指挥六万人马迎战，大破曹休于皖县石亭。迫使曹魏从此在淮南采取守势。

公元	干支	帝王年号	大　　事
229	己酉	吴大帝黄龙元年	陆逊四十七岁。四月，被特别提升为上大将军、右都护，在武昌辅佐太子，董督军国，镇守荆州。孙权称帝，年号"黄龙"，并从武昌回到下游都城建业。此后孙权开始在处理国事中刚愎自用，陆逊又坚持正道忠言进谏，君臣关系逐渐出现裂痕。
244	甲子	吴大帝赤乌七年	陆逊六十二岁。正月，被任命为丞相，依然兼任荆州牧、右都护，在武昌镇守荆州，但失去一直掌控的军权。
245	乙丑	赤乌八年	陆逊六十三岁。二月初四日乙卯，因为在涉及孙权继承人选的"二宫构争"中坚持正道，支持太子孙和而触怒孙权，被查问指责，在极度愤懑中去世。二十二岁的儿子陆抗护送其遗体，从武昌回到家乡吴县安葬。途中经过都城建业，被孙权派员查问陆逊生前被人揭发的二十项"罪状"，陆抗从容清晰回答，为父亲彻底洗清罪名。
246	丙寅	赤乌九年	陆抗二十三岁。被任命为立节中郎将，统领父亲原来的军队五千人，从武昌转移到下游的柴桑镇守，与诸葛恪交换防地。从此驻防柴桑十三年。
251	辛未	吴大帝太元元年	陆抗二十八岁。因病回到都城建业医治，接受孙权召见，孙权对当年自己误信谗言错误对待陆逊，表示歉意和后悔。

公元	干支	帝王年号	大　事
259	己卯	吴景帝永安二年	陆抗三十六岁。被提升为镇军将军，都督西陵诸军事，镇守孙吴西大门，指挥三峡西口以下长江沿线战区。
261	辛巳	永安四年	陆抗三十八岁。其子陆机出生。次年，次子陆云出生。
264	甲申	吴末帝元兴元年	陆抗四十一岁。被提升为镇军大将军，兼任益州牧，继续镇守孙吴西大门。此前一年蜀汉灭亡，陆抗面临北、西两面受敌的严峻态势，一身系国家之安危。
272	壬辰	吴末帝凤凰元年	陆抗四十九岁。八月，西陵督步阐反叛，投降西晋。陆抗以出色胆略，抵御西晋援军，以弱胜强，成功歼灭叛军，有效稳定局势。
273	癸巳	凤凰二年	陆抗五十岁。春天，被提升为大司马，兼荆州牧，镇守上游荆州的全境。
274	甲午	凤凰三年	陆抗五十一岁。七月，因积劳成疾，在战区大本营乐乡去世，临终前依然忧心国事。此时其子陆机十四岁，陆云十三岁，均随从兄长护送遗体回家乡吴县安葬，并为父亲服丧。
280	庚子	晋武帝太康元年	陆机二十岁，陆云十九岁。三月十五日壬寅，孙吴被西晋灭亡，天下重归一统。其兄陆晏、陆景为国捐躯。陆机被俘送往洛阳，被宽大对待。陆云不久被扬州刺史周浚任命为下属，前往寿春任职。

续　表

公元	干支	帝王年号	大　　事
281	辛丑	太康二年	陆机二十一岁，陆云二十岁。陆机离开洛阳，回转家乡吴县，闭门勤学，开始撰写《辨亡论》，之后又构思《文赋》。陆云在官场因受上司排斥，离职回乡，与陆机团聚。
289	己酉	太康十年	陆机二十九岁，陆云二十八岁。兄弟一同前往洛阳，谋求在京城政界发展。
290	庚戌	晋惠帝永熙元年	陆机三十岁，陆云二十九岁。当年四月，晋武帝去世，惠帝继位。陆机被太傅杨骏任命为下属。
299	己未	晋惠帝元康九年	陆机三十九岁，陆云三十八岁。"八王之乱"开始进入高潮，西晋政局日益险恶，有识之士先后离开洛阳。陆氏兄弟依然留在洛阳任职，因此卷入政坛斗争。
303	癸亥	晋惠帝太安二年	陆机四十三岁，陆云四十二岁。开春，陆机出任平原内史。八月，司马颖出动大军二十多万，与司马颙联合，声讨控制中央政权的司马乂。陆机被司马颖提升为前将军，担任前锋都督。 九月，陆机指挥全军南渡黄河，进逼洛阳。十月初八日戊申，陆机全军溃败。司马颖以谋反大罪处死陆机，其弟陆云、陆耽及其他亲近家属也被处死。

附录二

三国知识窗·军事篇

兵力、军制和部署

　　三国各自的总兵力，曹魏在 40 万人以上，孙吴在 20 万人以上，蜀汉在 10 万人以上，大体是各自民众总人口的十分之一左右。

　　进入三国的正式阶段，各国军队都分为两部分，即中央直属的中央军，和地方各州、郡统领的地方军。前者主要任务是对外作战，后者主要任务是维持地方稳定。中央军是国家军队的主体，又分中军和外军。中军驻屯在京城及其附近地区，而外军则驻屯在地方军事要地，特别是边境各战区。但是，中军和外军的部署特点，各国则不相同。

曹魏人口最多，兵员最充足，部署特点是重内轻外，以中军策应四方。中军的数量和质量都强于外军，而且动员能力强大，平时能够随时出动的兵力在五万人左右，如司马懿平定淮南王凌反抗；特殊情况下则可动员近三十万人，如司马昭平定淮南诸葛诞反抗。中军的核心为禁卫军，有武卫、中垒、中坚、五校四大营。前面三大营的指挥官，分别为武卫将军、中垒将军、中坚将军。五校大营又有五支分队，指挥官为屯骑、步兵、射声、越骑和长水五校尉。在禁卫四大营之上，又设中领军、中护军。中领军是统领全部四大营的总司令，中护军是副司令。中护军除了辅佐中领军之外，还负责全国军队将领的选拔和提升，实权极大。资深将领出任，则中领军称领军将军，中护军称护军将军。

蜀汉人口最少，兵员严重不足，又必须完成北伐的重任，被迫采取重外轻内的部署。自诸葛亮执政之后，中央军主力大约五万人左右，长期随从诸葛亮驻屯汉中，承担北伐的重任，其性质已是外军。京城成都只留下少量的中军禁卫军，护卫朝廷。诸葛亮死后，蒋琬、费祎、姜维执政统兵期间，也长期在北面军事重镇汉中、涪县驻屯，部署态势并未改变，直到灭亡。

孙吴的人口也不多，兵员也不足。它面临北方强敌曹魏的疆域，是在长江一线。猇亭之战后，上至三峡东口，下至长江出海口，防线东西长逾三千里。因此，其部署是内外并重，将中央军主力部署在沿江各战区，指挥官称为"督"，如虎林督、京下督、夏口督等。下游以京城建业为重点，孙权自己坐镇。上游以武昌（今湖北省鄂州市）、公安（今湖北省公安县）为重点，分设右都护、左都护，分统下属沿江战区，首任右都护为上大将军陆逊，左都护为大将军诸葛瑾。另外保留一定的机动力量，沿江上下，应对突发战情。

高级军官等级

就前线作战的正规军官系统而言，中低级的军官名目繁多，不必细说。至于高级军官，都称"某将军"，军阶的区分标志，是"将军"前面的修饰语。在三国酝酿阶段，沿袭东汉后期的旧制，最高的一级，是大将军。之下依次是骠骑将军，车骑将军，卫将军，前、后、左、右四将军。在三国的正式阶段，蜀汉和孙吴大体依然沿用东汉旧制，但名称略有变化，例如孙吴有大将军诸葛瑾，同时又有上大将军陆逊，后者地位在前者之上。曹魏改用九品官阶后，大将军依然是最高的第一品，骠骑将军、车骑将军、卫将军，是第二品，征东、征南、征西、征北四将军，镇东、镇南、镇西、镇北四将军，安东、安南、安西、安北四将军，平东、平南、平西、平北四将军，前、后、左、右四将军等，均是第三品。

都督与督将战区制

都督也是一种军事名号，但与将军不是一回事。两者的区别，在于都督是职务，将军是军阶。

三国是古代军制的变革期，影响深远直到现今的重要变革有二：一是督将战区制的形成，二是高级作战军官身上，出现阶、职、权三者的明确区分和界定。此前的东汉，如有军事行动，一般是临时选拔将领，同时征调军队，两者结合之后出征；军事行动结束，将领交出军权，士兵各回原地。到了三国，战火长期不断，原来那种"将无常兵，兵无常将；兵无常地，地无常兵"的情况难以保持，各国在地盘中，划出若干固定的战区，派遣常驻的部队，任命常驻的指挥官，以应对战争的突然变化。战区的指挥长官，相当于后世的军区司令，一般带有"督"或"都督"的字样，于是督将战区制诞生。例如，曹仁担任的"都督荆、扬、益州诸军事"，就是荆、扬、益三州战区的司令。关羽担任的"董督荆州事"，就是荆州战区的司令。陆逊担任的"大都督"，就是前线战区各军的总司令。后来唐代的节度使、明清的总督、当今的军区司令，与此都有渊源关系。

督将战区制出现后，高级作战军官身上，就不再如以前只有军阶，而有军阶、职务、威权三种不同的名号。以关羽的"前将军、董督荆州事、假节钺"为例，"前将军"是他的军阶，类似后世的军衔，决定他官阶高低，俸禄多少。而"董督荆州事"是他的职务，决定他的具体职责，是指挥荆州战区各路军队。至于"假节钺"，则是他拥有的威权，决定他有权自行诛杀违反军法的将士，后世没有类似的名号。此处的"假"，意为给予；"节钺"，则是节杖和大斧，是君主授权的特殊凭证。

在职务名号中，以"都督中外诸军事"最为特殊，有此名号者，有权指挥京城内外所有的军队，是全国军队的总司令。曹魏的曹真、曹爽父子，司马懿、司马师、司马昭父子，都曾担任过这一极为重要的职务。

但军阶、职务、威权三者，并非每位军官都完全具备。无职务的军阶只是闲职，只有军阶、职务而无威权，则缺乏震慑力，一般安排在次要战区。

三大关键战役

在整个三国时期，双方出动兵力合计在五万人及五万人以上的大型战争，总数在一百次以上。其中，对三国鼎立局面形成最为关键的战役有三次，而且都与火攻密切相关，所以形象地说，三国鼎立，是三把大火烧出来的。三大关键战役分别是东汉建安五年（公元 200 年）的官渡之战、建安十三年（公元 208 年）的赤壁之战和蜀汉章武二年（公元 222 年）的猇亭之战。官渡之战决定由谁控制北方，曹操火烧袁绍的粮草而取胜。赤壁之战决定曹操势力能否越过长江进入江南，周瑜火烧曹操的战船而取胜。猇亭之战决定孙、刘两家由谁控制长江中游，陆逊火烧刘备的营寨而取胜。三把大火放了之后，三国之间的疆域线基本确定，鼎立的稳定局面形成。此后的疆域线虽然还有变动，但都不大，不影响总体的态势。

精兵

三国时期出现了不少精兵，可分为前线作战与君主宿卫两类。前线作战的著名精兵，按出现时间先后，有孙坚的长沙兵，向北击败董卓、吕布，率先攻入洛阳，向南击败刘表悍将黄祖，所向无敌。又有公孙瓒的幽州"白马义从"，所谓

"义从"，即追随在左右的义勇军，清一色的雪白塞外骏马，擅长骑射，驰骋如飞，威震边关。又有袁绍的凉州兵，由八百人组成，由骁将鞠义统领，惯使强弓大弩，擅长以步兵对付骑兵，敌军骑兵冲来时，均在盾牌下伏身不动，待到进入一定距离，便同时突然起身，齐声大吼，弓弩齐发，先射倒前面马匹，待后续骑兵遭遇障碍纷纷追尾倒地之时，一齐挥舞利刀冲入敌阵，砍人砍马，势不可当，公孙瓒的"白马义从"，就这样败在他们手下。又有吕布手下名将高顺的"陷阵营"，七百精兵坚甲利器，冲锋陷阵攻无不克，故而得了"陷阵营"的美名。曹魏最著名的精兵是"虎豹骑"，即虎骑、豹骑两支分队的合称，比喻其勇猛可怕堪比虎豹，现今故宫就藏有"豹骑司马"的官印。虎骑、豹骑是从曹魏全军中挑选天下精锐组成，其他军队的百人队长，只能充当其普通的骑兵。曹操特别委任智勇双全的族弟曹纯，担任虎豹骑的指挥官。曹操进攻袁绍长子袁谭，一举擒杀袁谭者就是虎豹骑。曹操进攻塞外乌丸的铁骑队伍中，率先突入敌阵擒杀敌方首领蹋顿单于者，也是这支虎豹骑。曹操南征荆州，一日一夜疾驰三百里，逼得刘备丢下家眷和辎重脱身逃跑者，又是这支虎豹骑。曹纯病死后，因为找不到中意者替补，曹操竟然亲自兼任虎豹骑的指挥官。蜀汉的著名精兵，当推"青羌飞军"。诸葛亮平定南中，从能征惯战的青羌族军队中精选万余人，连同家属内迁到成都，分为五个部分编入作战部队，简称为"五部"。五部精兵行动快速，所向无前，故有"飞军"美名。诸葛亮首次出兵祁山，街亭失利，宿将王平临危不乱表现出色，被提升为"青羌飞军"指挥官。三年后再次出兵祁山，撤军时断后的王平，部署三千"飞军"埋伏，运用威力强大的十矢连发强弩，一举射杀敌军的虎将张郃，威震沙场。孙吴的著名精兵，有名将黄盖的轻舟军，赤壁之战中，黄家军以快船十艘，满载干柴枯草灌浸鱼油，中江举帆其去如飞，十艘火船冲进对方船队，一战成功。又有老将留赞的裸身军，留赞每次领兵上阵，必先打散头发，大叫呼天后放声高歌，然后指挥属下的数千勇士，全部赤裸上身只戴头盔，右手提刀，左手执盾，齐声高歌合唱，冲向早已被震慑胆寒的敌军，无不以一当十，所向披靡。

君主宿卫的精兵，曹魏有许褚统领的武威营，由忠诚剑客组成，潼关一战救曹操于危难之中，名震当时，后来成为京城中军的主力。孙吴有五支宿卫精兵，名为无难、绕帐、马闲、解烦左部、解烦右部。所谓"无难"者，有他们就绝无危难之意也；"绕帐"者，围绕君主大帐进行忠诚保卫之意也；"马闲"者，骑马娴熟的骑兵也；"解烦"者，有他们就能解除君主的忧烦也。蜀汉刘备，帐下有一支白毦兵。白毦兵是刘备攻占西方益州之后，从当地军队中精选忠诚勇士组成，故诸葛亮给胞兄诸葛瑾的信中，称之为"西方上兵"。刘备病死永安，白毦兵就地转为作战军队，驻防东边要塞永安战区，先后担任其指挥官永安都督者，是李严、陈到、宗预和罗献。白毦兵的"毦"字，读音同"耳"，是动物的毛羽，可作军衣的装饰。西方的益州，在颜色上与白色对应，白毦是西方上等精兵的标志。当今网友，大概在键盘上不能输入"毦"字，临时以"耳"和"毛"字拼合，于是误传为白耳兵，即清一色白耳朵的精兵，可谓是美丽的误会了。

军事机密文件传送

战场之间传送军事机密文件，必须有可靠的保密措施，三国时已经有已有类似后世密码箱之类的设备。1984年安徽马鞍山市孙吴大将朱然墓，曾出土一件特制漆盒的盒盖，就是实物。将文件放入盒中加上深盖，用细绳紧紧缠绕盒身中央部分，使绳圈平整排列成平面，然后在平面中央，即盒盖正中嵌有正方形铁片处，压上黏性极强的封泥，在封泥上加盖呈送密件者的印章，待封泥干燥后即可派专使送出。他人如要取出文件偷看，必须剪断细绳，或者破坏封泥，而且再也不能恢复原状。看似简单，但设计非常巧妙，保密功能堪称一流。

火攻战术

冷兵器时代，火攻一直是有效攻击手段之一。但是三国的火攻，不仅用得多，而且用得妙，是战争艺术一大亮点。比如烧出三国鼎立局面的三把大火，官渡之战是烧粮，赤壁之战是烧船，猇亭之战则是烧营寨，真是花样翻新。然而精彩的火攻还有，如袁绍进攻幽州的公孙瓒，先挖地道，挖到对方重兵盘踞的高楼下面，掏空地层，用木柱暂时支撑。全部掏空后，放火焚烧木柱，将士撤出地道。木柱烧断，地上的一座座高楼，就像变戏法一般，纷纷倒塌。楼上的敌军，不死即伤，完全丧失战斗力。这一招，被公孙瓒惊呼为"袁氏之攻，似若神鬼"。但是，也有弄巧成拙的，曹操围攻吕布于濮阳，突破东门时自己先放了一把大火，然后激烈巷战。谁知巷战失利，曹操落荒而逃，反被自己放的大火烧伤了手掌，掉下马来。

曹魏的五子良将

曹魏名将如云，异姓将领中最为著名并且被陈寿《三国志》安排在同一卷中叙述者，是张辽、乐进、于禁、张郃、徐晃五人，史称"是时，于禁与张辽、乐进、张郃、徐晃俱为名将，太祖每征伐，咸递行为军锋，还为后拒（都交替担任进攻的先锋，撤军的断后）"，后世或称曹魏的五子良将。蜀汉的五虎上将，大家都知道是关羽、张飞、马超、黄忠、赵云。有趣的是，魏五子还同蜀五虎打过不少交道。张辽与关羽曾经并肩作战，对付袁绍。乐进曾在襄阳与关羽对阵，不分胜负。关羽在樊城水淹七军，生擒于禁。张飞在宕渠迎战张郃，此张杀得彼张弃马逃奔。徐晃兵渡黄河蒲坂津，攻破马超防线；又驰援樊城，与关羽称兄道弟。总体说来，好像蜀五虎比曹五子要更有名。

击剑与武艺

三国尚武之风流行。现今的"武艺"一词，当时已经出现，《三国志》就说袁敏"有武艺"。1984年安徽马鞍山市孙吴大将朱然墓，出土漆器上绘有两童子手持长棍，比试武功，可见当时练武已经从娃娃抓起。最常见的武艺当数剑术，称为"击剑"。东汉后期洛阳的剑术圣手，是皇家卫队的王越，王越弟子是史阿。曹丕拜师史阿，得洛阳派真传，剑术出色。将军邓展武功高强，能徒手夺白刃。一次酒酣耳热，两人以甘蔗为剑进行比试，曹丕接连刺中对方手臂三次。再加一次对决，邓展全力进攻。曹丕假意退避，突然转守为攻，准确刺中对方额头，获得全胜。当时双手使用短兵器，叫作"持复"。双手持短戟，或一手持剑一手持盾，被认为是最具威力的持复组合。

投降举白幡

当时战争中的投降者，要打白色的旗幡，史称"白幡"，类似后世的白旗。曹操进攻冀州的袁绍残余力量，对方就打出白幡，只不过是诈降而已。